KB266902

新조선책략

新조선책략

지은이 최영진
1판 1쇄 발행 2013. 12. 12.
1판 2쇄 발행 2017. 2. 27.

발행처_ 김영사 • 발행인_ 김강유 • 등록번호_ 제406-2003-036호 • 등록일자_ 1979. 5. 17 • 경기도 파주시 문발로 197(문발동) 우편번호 10881 • 마케팅부 031)955-3100, 편집부 031)955-3250, 팩시밀리 031)955-3111 •

값은 뒤표지에 있습니다. ISBN 978-89-349-6569-5 03340 • 독자의견 전화_ 031) 955-3200 • 홈페이지_ http://www.gimmyoung.com • 카페_ cafe.naver.com/gimmyoung • 페이스북_ facebook.com/gybooks • 이메일_ bestbook@ gimmyoung.com • 좋은 독자가 좋은 책을 만듭니다 • 김영사는 독자 여러분의 의견에 항상 귀 기울이고 있습니다.

다시 돌아온 전환기, **新조선책략** 기회는 있다!

최영진 지음

김영사

차례

2013년 5월 말 주미 대사 자리를 떠나며, 워싱턴에서 지인 몇 사람과 시간을 함께할 기회가 있었다. 그때 P씨와 L씨 두 분이 앞으로 무엇을 할 것인지 물어보면서, 책 한 권을 써보도록 아이디어를 제시했다.

이들은 우리나라가 19세기 말 못지않게 21세기 초 외교적으로 중요한 시기를 맞고 있다고 보고 있었다. 그리고 필자에게 오랜 기간 우리에게 중요한 북한, 미국, 중국, 일본, 유엔과 관련된 업무를 직접 다룬 특권을 누린 외교관으로서, 아직 힘이 남아 있고 기억이 신선할 때 우리나라와 사회에 무엇인가 도움이 될 만한 것을 남기라고 조언했다.

우리의 대북정책과 대미, 대중, 대일 외교의 저변을 이루는 중요한 개념을 정리하고, 이론 제시나 긴 설명 없이, 결론에 바로 들어가는 방식으로 외교방향을 제시하는 분명하고 간략한 책을 써보라는 것이었다. 책의 제목도 아예 '신新조선책략'으로 지어주었다.

귀국하는 비행기 안에서 마음을 정리했다. 지난여름 매우 더웠지만, 신新조선책략 덕분에 생각을 다듬고 타이핑을 하면서 시원한 순간들을 보낼 수 있었다.

이 책에 쓰인 북한 핵 문제와 북한 관련 부분은, 필자가 1995~1997년 3년간 한반도에너지개발기구(KEDO) 사무차장을 지내며, 북한을 수차 방문, 그들과 경수로 협상을 하며 사업의 본질과 관계없는 각종 장애에 부딪치게 되었을 때 시작된 남북관계와 북한의 미래에 관한 고민과 생각들이 뼈대를 이루고 있다. 그 후 빈에서 국제원자력기구(IAEA) 대사를 할 때 북핵 문제가 불거졌고, 이때 안보리 5개 상임이사국, 일본, 우리로 구성된 7개국 비공식 위원회에서 이 문제에 대해 협상을 하며 현장에서 각국의 입장을 살펴보기 시작했다.

우리의 대미관계 부분은 외교부 정책실장, 차관, 주미대사를 지내며 미국 관리, 의회 인사, 언론인, 싱크탱크 연구원들과의 협의와 토론 그리고 협상을 통해 여물게 된 나의 생각들이다.

우리의 대중국관계에 대한 내용은 30여 년 전 프랑스 유학 시절 〈미중 화해와 동아시아〉라는 박사학위 논문을 쓰면서 시작된 중국에 대한 개념을 발전시켜 정리한 것이다. 무엇보다도 서양의 그것과 큰 대조를 이루면서, 외교 정책에 직접 영향을 미치는 중국 고유의 문화와 전통이 그 밑받침을 이루고 있는 것이 특징이다.

일본은 사회 안정, 경제발전, 내부 응집력 등 많은 장점에도 불구하고, 가장 기초적인 문제인 과거사를 올바르게 다루는 데 계속 실패하고 있다. 이로 인해 일본은 주변 국가와 선린협력 관계를 수립하는 데 어려움을 겪고 있다. 이 책에서 취급한 일본의 뿌리 깊은 이원성과 수치의 문화, 그리고 거기서 유래하는 일본의 외교 행태가 우리에게서 던지는 도전을 극복하기 위한 대안 등은 수시로 우리 외교에 닥쳐오는 한일간의 과거사 문제를 접하면서 필자가 얻은 결론이다.

신新조선책략의 철학적 기반을 구성하는 '전쟁에서 무역으로'의 패러다임 전환 문제는 유엔 대사를 지내며, 또 유엔 평화유지활동(PKO) 업무를 뉴욕 본부에서 2년, 아프리카 현지에서 4년 다루면서, 국제 관계가 근본적으로 변화하고 있는 것을 보게 된 데서 비롯된 것이다. 이에 대한 의문을 정리하고 의문에 대한 답을 다듬으면서 얻게 된 비전이다.

마지막으로 우리의 국민정서 문제는 지난 41년간 외교 현안을 다루면서 현장에서 느낀 우리의 뿌리 깊은 피해의식에 대한 고민과 고찰에서 비롯된 것이다. 우리의 이 특유한 국민정서는 때로는 국민이익을 저해하는 데도 계속 강력한 힘을 발휘하고 있다. 피해의식의 예로 거론된 것들이 대개는 우리 사회의 일부 계층에서 일관되게 주장해 왔던 사안들이라, 해당 계층으로부터 섭섭하다는 이야기가 나올 수도 있겠구나 하는 주저가 있었다. 그러나 우리 사회의식을 한 단계 발전시키기 위한 고언으로 이해될 수 있으면 하는 희망을 품고 용기를 내어 썼다.

당연한 이야기지만 본문 내용은 저자의 생각이며 고민과 통찰의 결과이지, 정부의 입장과는 아무런 상관이 없음을 밝혀둔다.

이 책이 어떤 반응을 얻을지, 아무런 반응도 얻지 못하고 묻혀버릴지, 알지 못하는 상황에서 출간을 결정해준 김영사에 감사드린다.

2013년 11월 서울

최영진

1

19세기 황준센의 조선책략과 21세기 신조선책략

"신조선책략을 성공적으로 수행하기 위해서는
한 가지 주요 장애를 극복해야 한다.
그것은 우리 무의식 속에 깊이 자리 잡고 있는,
그러나 이제는 극복해야 할 전쟁 패러다임에 뿌리를 둔 국민정서이다."

패러다임의 전환기가 도래했다

구한말, 우리나라는 전대미문의 위기에 처했다. 그 위기에 제대로 대처하지 못해 급기야 일본의 식민지가 되는 참담한 수모를 겪게 되었다. 조선조는 수백 년간 중국 의존 일변도의 외교안보전략을 추구해왔다. 그런데 19세기 후반 러시아, 영국, 독일, 프랑스, 미국 등 서구세력이 대거 동아시아로 몰려왔다. 수천 년을 이어온 중국 중심의 동아시아 세계는 영원히 역사의 뒤안길로 사라지게 된 것이다. 우리는 별다른 대비를 하지 못했다.

이러한 상황에 대비해 새로운 비전을 제시한 사람은 우리나라 사람이 아닌 도쿄에 주재하던 청나라 외교관 황준셴黃遵憲이었다. 그는 조선이 자신의 안위를 위해 중국 일변도에서 벗어나 일본, 미국과도 관계를 맺고, 러시아를 경계해야 한다며 개항기 조선의 대외정책이자 생존 전략을 제시했다. 중국과 친하고, 일본과 맺고, 미국과 연결(親中-結日-聯美)한다. 그것이 황준셴이 제시한 《조선책략朝鮮策略》의 요체이다.

《조선책략》은 조선 반도를 둘러싼 국제정세의 급격한 변화에는 눈을 감은 채 오로지 중국에만 계속 매달리고 있던 당시 조선 내에서 아무도 하지 못한 혁명적인 생각이었다. 몇 쪽 되지 않는 《조선책략》은 1880~1881년 우리나라에 반입되어 곧 커다란 반향을 일으키게 되었다.

보수적인 유교학자들은 이를 우리 안보의 근간을 흔드는 위험한 생각이라고 보았다. 중국 중심의 세계관 속에 안주하고 싶었던 것이다. 이들은 '위정척사' 사상 아래, 《조선책략》을 불사르며, 영남 지역에서 1만여 명의 유생이 연서해 고종에게 서양세력과 교류하지 말고 오직 중국 중심의 정책을 고수할 것을 건의했다(영남 만인소萬人疏 사건).

반면 일본 유학파를 중심으로 한 개화사상을 가진 사람들은 《조선책략》을 중국 중심의 좁은 세계관에서 벗어나 지평을 넓히는 미래지향적 외교방향으로 보았다. 동아시아에서 세계로 시야를 넓히는 《조선책략》을 환영하게 되었다. 그러나 그들은 소수였고, 결국 일본에 의지하게 되었다.

혼란 속에서 우리나라는 국론을 수렴하는 데 실패했다. 1905년 치욕적인 을사늑약으로 일본에게 나라를 잃을 때까지, 청나라 세력을 업은 수구파와 일본 세력에 의지한 개화파 사이에서 혼란과 시행착오를 거듭하게 된다.

황준센의 《조선책략》은 물론 우리나라보다는 청나라의 이익과 시각을 바탕으로 조선이 취해 할 바를 제안한 외교전략이다. 따라서 당시 청나라에 대한 최대의 안보위협인 러시아를 과대평가하고 떠오르는 일본의 야심은 과소평가한, 치명적인 약점이 있다.

그러나 황준센은 동아시아가 중국 중심에서 세계로 지평을 확대하지 않을 수 없게 된 것을 알았다. 약육강식의 서양식 패러다임이 급격히 동북아에 밀려들어 오는 것을 정확히 예견했다. 우리는 이러한 세계사적인 흐름을 간과했다. 바로 이 점에서, 비록 지나간 사건이지만 황준센의 《조선책략》이 우리에게 시사하는 바가 크다.

이 책의 제목을 '신新조선책략'으로 한 것은 바로 이 때문이다. 21세기 초, 우리나라는 다시 한 번 국제질서를 뒤흔드는 역사적인 패러다임의 변환기에 놓여 있다. 수천 년을 이어온 약육강식의 전쟁 패러다임이 사라지고, 무역 패러다임으로 대체되고 있다. 조용하지만, 그러나 19세기의 그것에 못지않은 혁명적 변화가 진행되고 있는 것이다.

패러다임은 선택이 아니다. 우리에게 주어지는 것이다. 따라서 뉴 패러다임에 적응하는 나라나 개인은 번성하고, 올드 패러다임에 집착하는 나라나 개인은 어려움을 겪을 따름이다.

무역 패러다임은 미국이 동아시아에 전파한 역할이 크다. 일본이 가장 먼저 이에 적응했다. 우리나라도 '아시아의 네 마리 용(한국, 대만, 홍콩, 싱가포르)'의 일원으로 20세기 중반 이후 무역 패러다임을 가장 성공적으로 소화해낸 나라에 속한다. 그리고 아주 다행스럽게도, 덩샤오핑鄧小平의 과감한 개방개혁 덕분에 중국이 무역 패러다임을 성공적으로 소화해내고 있다. 중국은 인류 역사상 가장 빠른 속도로 경제발전을 하고 있는 것이다. 반면 소련은 전쟁 패러다임에 집착하다가 소멸했다. 그러나 그 이후 러시아는 소련이 추구했던 전쟁 패러다임을 포기하고 무역 패러다임을 지향하고 있다. 한반도를 중심에 둔 동북아의 안정과 평화를 위해 다행스러운 일이다.

이렇게 동북아의 모든 나라가 새로운 무역 패러다임 아래 역동적인 발전을 거듭하고 있는데, 북한은 홀로 시대착오적인 전쟁 패러다임에 집착하고 있다. 아주 불행한 일이 아닐 수 없다. 북한은 그 맥락에서 국제사회의 흐름을 무시하고 핵무기와 미사일을 개발함으로써 자신은 물론 주변 지역에 불안정 요소로 작용하고 있다. 작은 규모지만, 본질은 소련을 소멸하게 한 것과 똑같은 정책에 빠져든 것이다. 한반도를 최후의 냉전 잔존 지역으로 지칭하는 것은 바로 이 때문이다. 그리고 이렇게 과거와 현재의 패러다임이 동시에 존재하는 한반도에 사는 우리는 아주 혼란스러운 상황을 접하고 있는 것이다.

대북정책의 어려움에서 4강 구도의 와해까지

북한은 우리 안보에 최대 위협의 원천인 동시에, 북한 주민은 우리의 형제자매들이다. 무력으로 그 위협을 제거할 수도 없고, 마치 위협이 없는 것처럼 눈을 감고 형제자매로만 대할 수도 없다. 명쾌한 해결책이 없다. 어떻게 하면 좋을까? 북한 문제를 관리 내지 해결하는 데는 미국, 중국, 일본, 러시아의 협조도 긴요하다. 그중에서 미국과 중국 두 나라가 동북아에서 차지하는 비중은 다른 어느 나라보다 크다고 볼 수 있다.

2차 세계대전 이후 약 반세기 동안 우리에게 한미관계는 안보와 경제 두 분야에서 절대적이었다. 그런데 중국이 한중수교 이후 불과 20여 년 만에, 경제 면에서 미국을 제치고 우리에게 가장 중요한 나라로 다가오고 있다. 한중 간의 교역액은 2,200억 달러에 육박, 한미 교역액

1,000억 달러의 두 배를 넘고 있다. 인적 교류에서도 중국이 미국을 제치고 우리에게 가장 중요한 나라로 자리한 지 오래이다. 연 700만 명에 가까운 인적 교류와 함께 양국 간에는 1주일에 830편이 넘는 직항기가 오간다. 중국은 경제 면에서 머지않아 미국을 제치고 세계 제1의 위치를 차지할 가능성도 있는 것으로 예견되고 있다. 21세기에 미국과 중국 간의 협력과 경쟁은 태평양은 물론 세계의 운명을 좌우할 것으로 보인다. 대한민국의 안보와 경제를 위해 한국과 미국, 중국 두 나라와의 관계는 선택이 아니라 동시에 확보해야 할 우리 외교의 근간을 구성하는 과제가 되고 있다.

한반도를 둘러싼 복잡한 외교 방정식 속에서 일본과 러시아의 좌표도 재정립되어야 할 시점에 와 있다. 일본은 과거사 문제와 관련된 역사를 부정하는 입장 때문에 주변국과의 관계를 어렵게 하고 있고, 특히 동북아 지역에서 스스로의 외교 영역과 영향력을 축소시키고 있다.

러시아가 한반도에 미치는 커다란 영향력은 열강의 한반도 병탄이 시작된 19세기 후반부터 20세기 후반 냉전이 종식될 때까지 약 100년간 지속되어 왔다. 아직도 러시아는 안보리 상임이사국이고 막강한 군사력과 중요한 자원을 보유하고 있다. 천안함 격침이나 연평도 포격 사건을 겪으며 우리는 러시아가 국제사회에서 영향력을 계속 유지하고자 하는 노력을 경험했다. 또 러시아는 6자 회담 회원국이며, 6자 회담 내 5개 작업반 중 중요한 동북아 평화안보체제 작업반 의장국을 맡고 있다. 동시에 우리 한반도와 국경을 접하고 있는 등 우리에게 중요한 나라이다.

그러나 팽창정책을 추구하던 과거 제정러시아나 소련 시대와 비교할 때, 21세기의 러시아는 한반도에 진출을 시도하거나, 한반도에서 도모할 특별한 이익을 가지고 있지 않다. 남북한도 러시아로부터 받을 영향이 미국이나 중국, 일본으로부터 받을 영향에 비해 현격한 차이를 보이고 있다. 과거 20여 년간 남북한과 러시아의 관계의 변화가 이를 웅변으로 말해주고 있다. 러시아는 이제 무역 패러다임의 성공적 도입을 위해 진력하고 있다. 그리고 산적한 국내 문제에 우선순위를 둘 수밖에 없다. 그런 관계로 한반도에 대한 영향력과 관심이 크게 줄었다.

따라서 우리 외교가 지난 반세기 동안 즐겨 쓰던 한반도 주변 4강이라는 개념은 이제 적실성을 잃게 되었다. 그 개념은 황준센의 조선책략 시대, 그리고 냉전시대까지는 우리 외교에 유효한 도구였다. 그러나 무역 패러다임의 21세기에는 우리 외교가 하루빨리 정리해야 할 시대착오적인 개념이 되어버린 것이다.

구한말 시대에 우리가 겪은 환란은 당시 약육강식의 국

제 관계, 그리고 급격히 신장하는 일본의 국력과 침체일로에 있던 우리 국력의 현격한 차이를 감안할 때, 외교전략으로 극복할 수 있는 문제가 아니었던 것으로 보인다.

그러나 100여 년이 지난 지금은 다르다. 국제 관계도 약육강식의 전쟁 패러다임에서 경쟁과 협력의 무역 패러다임으로 전환한 점과, 세계 10위권을 넘나드는 우리의 국력과 국방력을 감안할 때, 통일을 포함한 우리의 미래는 그 어느 때보다도 우리가 선택하는 외교전략에 달려 있다.

이렇게 혼란스럽고 복잡한 동북아 국제 정세 속에서 우리는 냉철한 외교전략을 수립하고, 세련된 외교정책을 수행해나가야 한다. 신조선책략이라고 부를 수 있는 이 전략은 새로운 무역 패러다임 내에서 수립되고 수행되어야 한다. 전쟁 패러다임에 집착하거나, 또는 전쟁과 무역의 패러다임 사이에서 방황할 경우 혼란과 실패를 피할 수 없다.

어떻게 국민정서를 넘어설 것인가?

신조선책략을 성공적으로 수행하기 위해서는 한 가지 주요 장애를 극복해야 한다. 그것은 우리 무의식 속에 깊이 자리 잡고 있는, 그러나 이제는 극복해야 할 전쟁 패러다임에 뿌리를 둔 국민정서이다. 국민이익과 대치되는 이 현상은 무엇보다도 구한말 약육강식의 패러다임 속에서 뼈아프게 경험한 피해의식에서 연유하고 있는 것처럼 보인다.

국내에서는 정리 또는 정제되지 않은 여러 가지 주장이 난무하고 있다. 미국과 중국 중 어느 나라를 선택해야 한다는 주장, 또 미국과 중국 사이에 균형을 취해야 한다는 주장, 중국의 계속되는 부상에 발맞추어 중국과의 관계를 더욱 강화해야 한다는 주장, 북한에 대해 대가 없는 상당한 원조를 계속해서라도 북한을 고립에서 끌어내고 교류를 계속해야 한다는 주장, 그러한 원조가 우리 안보를 취약하게 하는 무기로 변할 것이므로 북한 행태의 변화를 가져오지 않는 원조는 안 된다는 주장, 외세를 배제하고 동족끼리 한반도 문제를 해결하기 위해 최선을 다해야 한다는 주장, 북한의 입장은 결국 북중동맹은 유지하면서 한미동맹을 와해시키고 주한미군의 철수를 노리는 위계이므로 조심해야 한다는 주장 등등이 그것이다. 이처럼 우리 외교는 아주 복잡한 방정식 속에 놓여 있다.

상황이 복잡할수록 우리의 외교전략은 큰 줄기를 잡고, 간명한 원칙이나 분명한 비전에 입각해야 한다. 그리고 이러한 혼란의 핵심에는 우리의 역사적 피해의식에 근거한 국민정서가 커다란 영향력을 발휘하며, 국민이익과 대치하고 있음을 알아야 한다. 이러한 불행한 상황을 정리하기 위해, 우리는 현재 세계사적인 의미로서 진행되고 있는 전쟁에서 무역으로의 패러다임 전이轉移에 대해 분명한 인식을 할 수 있어야 한다.

우리가 지난 20여 년간 되풀이해온, 국민이익보다 국민정서를 앞세우는 시대착오적인 판단을 떨쳐버리지 못하고, 우리의 앞날을 가늠할 방향타를 피해의식에 맡겨버린다면, 우리는 뉴 패러다임의 이해와 시행에 실패하게 된다. 구한말 수구파와 개화파 사이에서 그랬던 것처럼, 많은 시행착오와 혼란이 야기될 것이다.

황준셴의 조선책략은 러시아를 경계하기 위한 친중親中-결일結日-연미聯美였다. 그리고 그 당시 국제사회를 지배하는 원칙은 약육강식이었다.

21세기에 우리가 취할 신조선책략은 대북교류와 억지정책의 동시 추진, 한미동맹, 한중협력, 한일교류로 요약될 수 있다. 그리고 이러한 책략을 일관하는 원칙과 비전은 무역 패러다임이다.

21세기 국제사회를 지배할 무역 패러다임 내에서 볼 때 상기 네 가지 책략은, 특히 한미동맹과 한중협력은 동시 선택이 가능하다. 단 이를 위하여 우리는 과거 전쟁 패러다임 속에서 쌓아온 피해의식을 극복하고, 무역 패러다임을 적극 활용해야 한다. 밤이 지나고 아침이 오듯 통일이 머지않았다.

2

전쟁을 넘어 무역으로, 패러다임의 대전환!

"패러다임의 전환은
거부하거나, 변경하거나, 지연시킬 수 있는 것이 아니다.
뉴 패러다임에 적응하느냐 적응하지 못하느냐의 문제로 결론이 나게 되었다.
개인이든 국가든 뉴 패러다임에 적응하지 못할 경우
도태되는 것이 패러다임 전환의 의미이다."

알렉산더에서 나폴레옹까지 전쟁 영웅들

"우리가 파악하고 있는 인류의 본성에 비추어볼 때, 초기의 항해자들은 가능한 대로 약탈을 했고, 어쩔 수 없을 때만 교역을 했을 것이다." 우리에게 《타임머신》, 《투명인간》 등으로 잘 알려진 영국의 저술가 겸 사상가 웰스H. G. Wells가 남긴 명언이다. 인류 본성과 역사 흐름의 정곡을 찌르는, 우리가 숙고해보아야 할 말이다.

사실 인류가 집단생활을 시작한 이후 수천, 수만 년 동안 인류는 '그것이 부족 · 항해자 · 국가인가'를 막론하고 가능하기만 하면 다른 부족 · 항해자 · 국가를 습격, 약탈, 탈취, 정복하는 일에 몰두했다. 그것이 가장 손쉽게 소속 집단의 이익을 확보하는 방법이었고, 각 집단에게 가장 효과적으로 자산을 늘리는 방법이며 최상의 비즈니스가 되었다. 이들은 일반적으로 상대편이 무장을 잘 하고 있고, 따라서 습격이나 전쟁으로 수탈하기가 쉽지 않았을 때만 교역을 했던 것이다. 따라서 국제 관계는 약육강식과 전쟁의 패러다임이 지배했다.

그래서 부족과 국가를 위해 전쟁에서 승리해 영토와 노예 그리고 자원을 노획해온 사람들은 영웅으로 숭배되었다. 또 그들은 대부분 그 나라의 지도자로 군림하게 되었다. 정복한 영토가 크면 클수록, 수탈한 자원이나 노예로 삼은 규모가 크면 클수록, 더욱 위대한 영웅, 더욱 위대한 지도자로 숭배되었다. 이것이 역사의 흐름이다. 우리에게 익숙한 알렉산더, 카이사르, 아틸라, 샤를마뉴, 칭기즈칸, 메메트 II, 코르테스, 나폴레옹, 이들은 모두 약육강식, 전쟁 패러다임의 영웅이고 지배자들인 것이다.

동양의 오랜 역사도 궁극적으로 결국 전쟁 패러다임 속에서 흘러갔다. 그러나 부족이나 국가 간의 약육강식을 당연한 것으로 보았던 서양문명과는 달리 국제 관계에서도 윤리를 강조한 동양문명 덕분에 동아시아 국가들은 역사적으로 전쟁 패러다임의 피해를 비교적 덜 입고 살 수 있었다. 그러나 동아시아 지역은 19세기 중반 이후 약육강식의 패러다임에 익숙한 서양 열강의 쇄도와 함께, 또 일본이 메이지유신의 성공 이후 탈아입구脫亞入歐의 기치를 내걸고 이 대열에 참여하게 됨에 따라, 근 100년 동안

혹독한 시련을 겪게 된다.

비슷한 시기에 유럽제국은, 말라리아 약을 개발한 덕분에 드디어 아프리카 내륙 지방까지 진출할 수 있게 됨에 따라, 아프리카 전 대륙을 식민지화하는 경쟁적 열기에 휩싸이게 되었다. 이는 아프리카 전체가 유럽 열강에 예속되는 결과를 낳았다. 19세기 후반부터 20세기 초까지 이어진 이 현상을 역사적으로 아프리카 쟁탈전the Scramble for Africa이라고 부른다.

유럽제국은 그들의 전쟁 패러다임을 확장할 마지막 프런티어인 동아시아와 아프리카 공략을 끝내자, 그 모멘텀을 타고, 드디어 그들 간의 전쟁을 벌이게 된다. 제1, 2차 세계대전이 그것이다. 독일의 히틀러는 유대인 학살이라는 범죄를 저지른 데 더해, 당시 이미 시대착오적이 되어가고 있었던 약육강식의 기치를 내걸고 무자비한 자국의 확장을 도모한 마지막 주자로도 볼 수 있다.

돌이켜보면, 20세기 전반은 인류 역사상 가장 피비린내 나는 시기로 볼 수 있다. 모든 열강들이 막강한 군비를 앞세워 전쟁 패러다임에 전력 질주했기 때문이다. 수천 년 아니면 더 길게 수만 년을 이어온, 부족과 국가의 약육강식의 습관이 대서양시대, 특히 산업혁명 이후에는 더욱 급속히 전 세계로 퍼지며, 20세기 전반에는 그 빈도와 밀도에서 극에 달하게 되었던 것이다.

소련은 왜 위성국가를 포기했는가?

물극필반物極必反, 무력을 앞세운 약육강식은 20세기 중반을 기점으로 국제사회에서 사라지게 되었다. 20세기 후반 이후 사담 후세인의 이라크가 쿠웨이트 점령을 시도한 경우 등을 제외하고는 군사력을 앞세워 무력으로 영토 확장을 시도하고, 자원을 수탈하려고 한 나라가 없다. 20세기 전반 모든 나라가 영토 확장과 자원 수탈에 뛰어들었던 것과 커다란 대조를 이룬다.

우리는 20세기 후반 영토 확장이 아니라 오히려 자국이 차지한 영토를 전쟁 없이 포기하는 역사상 전혀 새로운 상황이 벌어지게 된 것을 목격할 수 있다. 소련과 베트남이 그 예이다.

소련은 20세기 후반 소련이 차지한 위성국가들로부터 과거 점령자나 전승국이 하던 대로 이득을 취할 수 없다는 것을 알게 되었다. 오히려 이들을 계속 소련의 영향력 아래 묶어두기 위해 원유나 곡식을 '친구 가격friendly price'으로 제공해야 했기 때문에 시간이 갈수록 도리어 부담이 점점 더 커지고 있음을 알게 되었다. 20세기 말 소련은 드디어 그러한 부담을 덜기 위해 위성국가들을 포기하게 되었다.

베트남의 경우도 비슷하다. 베트남은 1975년 통일을

달성하고, 그 모멘텀을 이용, 역사적인 오랜 숙원인 대베트남 건설을 위해 캄보디아와 라오스를 그 세력 하에 두었다. 그러나 곧 이들 국가로부터 철수하게 된다. 점령국으로부터 이득을 취하기는커녕, 오히려 베트남이 그 나라에 수립한, 그러나 인기 없는 정권을 지원하기 위해 계속적인 원조를 해야 하고, 점령지 국민이 기아나 홍수 등으로 어려울 때도 도움을 주어야 한다는 새로운 현실을 깨닫게 된 것이다.

아프리카에서도 유사한 상황이 벌어지고 있는 것을 알 수 있다. 앞에서 살펴본 것처럼 불과 100년 전 유럽 열강은 아프리카에 식민지를 건설, 영토를 넓히고 자원을 차지하기 위해 군대를 앞세우고 아프리카로 몰려들었다. 그러나 100년이 지난 지금 정반대의 현상이 벌어지고 있다. 모든 강대국들은 군사, 정치적으로 아프리카로부터 서둘러 떠나고 있다. 아프리카 문제에 대해 직접 개입을 회피하고 있는 것이다. 현재 어떤 강대국, 선진국도 아프리카 평화유지활동(PKO)에 군대를 파견하지 않고 있다. 모두 개도국에서 온 군대들이다.

왜 수천 년 인류의 역사를 지배해온 약육강식이라는 국가 간의 행동 방식에 이러한 근본적인 변화를 가져오는 현상이 벌어지고 있는가? 몇 가지 설명이 등장하고 있다. 전제적 왕정이 민주주의로 대체된 것과, 교통통신과 과학기술의 혁명적인 발전 그리고 세계가 열린 세계에서 닫힌 세계로 전환된 것이 그러한 역사적 변화를 가져왔다는 설명이다.

민주주의의 전파로 인해 20세기 후반 이후 민주국가들은 왕국이나, 전제국가와는 달리 도덕적으로도 또 실익면에서도 전쟁을 일으키기 힘들게 되었다는 점이 그 하나이다. 과거 왕이나 전제 군주들은 전쟁의 승리로 돌아오는 이득을 거의 독차지할 수 있었던 반면, 민주국가에서는 지도자들이 전쟁에서 승리하더라도 그 이득을 국민들과 모두 나누어야 하는데, 그 경우 각 개인에게 돌아오는 이득이 아주 적은데다가, 이에 더해 전쟁으로 생기는 국민의 사망과 부상 등 희생은 자신의 지도적 위치에 커다란 위험과 부담으로 작용한다는 것이다.

교통통신과 과학기술의 혁명적 발전으로 전 지구적 차원에서 투명성이 증가되어 노예 착취나 자원 수탈이 불가능해진 점을 들기도 한다. 아마도 보다 중요하게는 국가들은 이제 과학기술과 무역을 통해 대부분의 자원이나 노동력을 얻을 수 있게 되었으므로, 약육강식적인 수탈의 필요성을 느끼지 못하게 되었다는 점일 것이다. 천연자원이 중요할 때 필수적이었던 영토 확장이나, 인간의 근력에 의지할 때 또 노예로 사용하기 위해 필요했던 인구수의 증가가 불필요해진 것이다. 동시에 핵무기의 등장과 확산으로 인해 전쟁이 확대되면 핵무기 사용의 위험이 커지는데, 이 경우 승자에게도 전쟁은 이득이 되지 않으며, 오히려 공멸을 가져올 수 있다는 새로운 국면의 전개도 역설적으로 전쟁 패러다임 종식의 이유 중 하나로 꼽히고 있다.

물리적 환경의 차원에서 전쟁 패러다임 종식의 가장 중요한 이유는 아마도 20세기에 국제사회가 열린 세계open and expanding world에서 닫힌 세계closed and circumscribed world로 전환된 데서 찾을 수 있을 것이다. 15세기 후반부터 20세기 후반까지 약 5세기에 걸친 대서양시대에 서양은 열린 세계에서 활동하며 지구 구석구석의 탐험과 함께 세계정복을 완성했다. 그 결과로 국제사회는 이제 더 이상 새로운 정복지, 탐험지가 없는 닫힌 세계 속에서 살게 된 것이다. 전쟁 패러다임을 적용할 미지의 세계, 새로운 세계가 더 이상 존재하지 않는 세상이 된 것이다. 지구촌이라는 좁은 공간에서는 전쟁과 정복이라는 노골적인 이윤 착취 행위가 불가능하며, 웰스가 간파한 대로 물리적 힘에 의지한 강제적 수탈보다 세련된 무역에 의해 국가들이 상호작용을 하게 된 것이다.

거부할 수 없는 패러다임의 전환

민주주의의 확산, 교통통신과 과학기술의 혁명적인 발전 그리고 열린 세계의 닫힌 세계로의 전환은 필연적으로 국제 관계에 전쟁 패러다임의 종식과 함께 새로운 패러다임의 등장을 예고하게 된다. 20세기 후반부터 전개되고 있는 국제 관계의 새로운 패턴을 간추려 이야기하면, 지구 전체에서 무역에 의해 자원을 얼마든지 확보할 수 있게 되었기 때문에, 영토의 확장이나 자원의 착취가 더 이상 불필요하게 되었다는 것으로 요약할 수 있다. 영토 확장이나 자원의 착취는 곧 현지민과의 갈등을 의미할 뿐 아니라, 그들이 가뭄, 흉작 등 어려움을 겪을 때 책임을 지고 먹여 살려야 한다는 부담까지 의미하게 된 것이다.

수천 년 역사상 처음으로 이제 국가들은 전쟁이나 정복 대신, 경제력 확장과 무역에 의해 경쟁하고 승부를 결정하게 되었다. 전쟁에서 승리하고 식민지를 확장하는 나라가 부유한 나라가 되는 대신, 탄탄한 경제력을 기반으로 무역을 확장하고 상호의존을 깊게 하는 나라가 부유한 나라가 되는 새로운 현상에 접하게 된 것이다. 국가들이 군사력을 앞세운 정복전쟁을 포기하고 경제력과 무역으로 승부를 하게 된 상황은 21세기에 더욱 명확해질 것으로 보인다.

전쟁 패러다임 하에서 부국과 강병은 하나의 뜻을 가지고 있었다. 군사력이 강한 나라는 이를 이용해 영토를 넓히고 인구를 늘려 부를 쌓을 수 있었고, 부가 있는 나라는 이를 이용해 강병을 유지할 수 있었다. 그러나 무역 패러다임 하에서 이제 부국과 강병은 분리되었다. 경제와 무역을 무시하는 강병정책은 이제 시대착오적이 되었기 때문이다. 소련과 북한이 비근한 예이다. 독립과 강병을 내걸고, 군사력 확장에 집중해도 이제는 영토의 확장이나 자원의 획득이 불가능해졌기 때문이다. 오히려 이러한 정책은 나라의 경제를 왜곡하고 피폐시켜, 결국 국가의 존립을 위태롭게 하는 현상을 유발하게 되었다.

이러한 근본적인 국가행태의 변화와 국제사회 관심의 초점 이동 현상은 패러다임 전환paradigm shift으로 가장 잘 설명될 수 있다. 오늘날 국제 관계에서 패러다임의 전환은 한마디로 전쟁(습격)에서 무역으로의 전환으로 볼 수 있다a paradigm shift from Raid to Trade.

패러다임의 전환은 거부하거나, 변경하거나, 지연시킬 수 있는 것이 아니다. 뉴 패러다임에 적응하느냐 적응하지 못하느냐의 문제로 결론이 나게 되었다. 개인이든 국가든 뉴 패러다임에 적응하지 못할 경우 도태되는 것이 패러다임 전환의 의미이다.

전쟁에서 무역으로의 패러다임 전이에 따라 21세기의

세계는 과거와 전혀 다른 세계가 될 것임을 예고해주는 사건과 이벤트의 홍수 속에서 우리는 살고 있는 것이다. 이제 국제사회는 전쟁과 평화의 문제를 대신해, 무역 패러다임 하에서 모든 나라와 개인이 경제활동을 극대화하고 가속화하면서 생기는 무역 패러다임을 동반하는 심각한 현상에 대해 관심을 돌리지 않을 수 없게 되었다. 그것은 기후변화, 천연자원의 고갈, 실패한 국가의 관리, 개도국의 급격한 인구증가 등 소위 범세계적 문제의 등장이다. 국제사회는 최우선의 관심사로서 이러한 범세계적 문제의 처리 내지 관리에 직면하게 된 것이다.

후쿠야마와 헌팅턴, 그리고 캐플런

냉전의 종식에 뒤이어 국제사회에 밀어닥친 역사적인 변화를 감지하고 이를 설명하고자 하는 여러 가지 이론이 제시되고 있다. 전쟁에서 무역으로의 패러다임 전이를 좀 더 명확히 하기 위해 미국에서 시작되어 서양에 많이 퍼져 있는 후쿠야마Francis Fukuyama, 헌팅턴Samuel Huntington 그리고 캐플런Robert Kaplan의 이론 세 가지를 간략히 살펴보고 비교해보자.

첫째가 후쿠야마의 '역사의 종말The End of History' 이론이다. 냉전의 종식과 함께 공산이념은 몰락하고 자본주의가 제시하는 패러다임이 세계에 퍼질 것이라는 예측이다. 헤겔이 집대성하고 예시한 철학과 역사의 발전이 이제는 종착점에 도달했다는 것이다. 앞으로의 세계는 민주주의와 시장경제를 근간으로 전쟁이 없어진 관리 중심의 무미건조한, 그러나 평화로운 세상이 될 것으로 내다보고 있다.

후쿠야마가 냉전의 종식에 따라 1990년대에 제시한 역사 종말론은 전쟁 패러다임의 종말과 서구 중심의 대서양 시대의 역사적 종말을 정확히 진단한 것으로 보인다. 그러나 그가 그린 미래의 세계는 현실과 괴리된 다분히 서구 중심적인 사고의 결과로 볼 수 있다. 그가 예견한 시장경제와 민주주의를 근간으로 하는 무미건조한 평화는 구미 지역 등 선진 지역에 한정되고 있기 때문이다. 그 이외의 대부분의 지역에서는 민주주의나 시장경제가 확산되기보다는 국가 행정의 약화 내지 소멸, 경제위기, 급격한 인구 증가, 환경파괴가 확산되고 있으며, 이러한 '역사의 종말' 이후에 일어나고 있는 문제가 '역사 시대'의 전쟁과 평화의 문제보다 더 중요하고 파괴력이 큰 인류사적 과제로 등장하고 있다.

둘째는 헌팅턴의 '문명의 충돌The Clash of Civilizations' 이론이다. 이 이론은 인류가 존재하는 한 투쟁과 전쟁은 불가피하며 미래의 그것은, 21세기의 그것은 과거처럼 민족국가들 사이에 일어나는 것이 아니고, 문명권 사이에 일어날 것으로 보고 있다. 그중에서 가장 심각한 것은 이슬람 문명권과 서방 기독교 문명권 사이의 갈등이 될 것으로 예시하고 있다.

헌팅턴의 이론은 전쟁 패러다임의 종식으로 인해 국가 간의 전쟁이 거의 없어지게 된 것과, 민족국가의 역할이 대폭 축소된 것을 정확히 진단하고 있다. 그러나 그가 제시한 문명의 충돌 이론은 역사의 동인으로서 무엇인가 계속 갈등과 충돌이 불가피하다는 서양 문화의 전통과 철학의 틀을 답습하고 있는 것으로 보인다. 그런 의미에서 그의 이론도 다분히 서구 중심적이다. 21세기의 인류에게 닥친 최대의 도전은 역사적인 전쟁과 평화 문제의 연속선상에 있는 '문명의 충돌'이 아니라 전혀 새로운 차원의 문제로 등장하고 있는 범세계적인 문제로 볼 수 있다. 그 핵심에는 인류와 자연(지구 온난화) 그리고 인간과 인간(선진 부국과 후진 빈국 사이의 남북 갈등)의 관계가 있지, 기독교 문명권과 이슬람 문명권의 갈등 관계가 있는 것이 아니다. 더구나 문제를 일으키고 있는 것이 소수 이슬람 극단주의 테러리스트들이 아니라 이슬람 문명권 전체가 연계해 기독교 문명권과 대치할 것이라고 내다본 것이나, 중국이 이슬람 문명권과 힘을 합쳐 서구의 기독교 문명권과 대치할 것이라고 내다본 것은 핵심을 크게 벗어난 견해로 판명되고 있다고 보인다.

이 두 가지 이론이 모두 서구 중심적이라면 이러한 틀을 과감히 벗어나 범세계적인 시각을 제시하고 있는 것이 있다. 세 번째 이론인 캐플런의 '난세의 도래The Coming Anarchy'라는 시각이다. 유럽과 북미, 동아시아 지역 등을 제외한 나머지 낙후된 지구 대부분의 지역에서 인구가 급격히 증가하는데, 경제발전의 가능성이 보이지 않아 결국은 혼란이 커지리라는 것이다. 그는 학자로서 이론을 내세웠다기보다, 기자로서 세계 곳곳에 있는 문제 지역을 광범위하게 여행하면서 현장에서 이 문제를 고찰했다. 그는 이들 광범위한 지역에서 일부 낙관적인 견해와는 달리 경제발전이나 민주주의 정착의 가능성이 보이지 않는 반면 환경파괴와 인구증가가 급격히 이루어지고 있다는 사실에 근거하고 있다. 따라서 세계 전체로 보면 21세기는 무질서가 증가하는 난세가 될 것으로 예견하고 있는 것이다.

결국 후쿠야마와 헌팅턴의 이론은 전쟁 패러다임의 종식에 따른 현상, 즉 서구 중심 역사의 종말과 국가의 역할 축소를 잘 설명해주고 있다. 이런 측면에서 과거와 획을 긋는 앞으로의 세계를 생각해볼 수 있는 하나의 시각을 제시하고 있는 장점이 있다. 그러나 미래 진단에 있어서는 범세계적으로 시야를 넓히지 못하고 서구 중심적 사고의 틀에서 벗어나지 못하고 있다고 볼 수 있다. 반면 캐플런의 현지 르포는 비록 이론적이나 개념적인 틀에 입각한 것은 아니지만, 미래에 대한 예견에 있어서는 이들보다 정확한 진단을 하고 있는 것으로 볼 수 있다.

21세기에 인류에게 닥친 최대의 문제는 그것이 개도국의 관리 실패에서 오는 '난세의 도래'든, 무역 패러다임을 동반하는 현상으로서의 기후변화, 천연자원의 고갈, 실패한 국가의 관리, 개도국의 급격한 인구증가 등 소위 범세계적 문제의 등장이든 간에, 인류가 맹목적으로 최대한의 경제발전과 최대한의 무역이익에 몰입하면서 생기는 전혀 새로운 차원의 문제인 것이다. 이 문제의 처리 내지 관리 문제가 21세기에 인류가 수천 년 역사를 통해 골몰해온 전쟁과 평화의 문제를 빠른 속도로 대체하게 될 것이다.

뉴 페러다임과 올드 패러다임의 혼전

무역이라는 뉴 패러다임의 등장은 인간사의 모든 면에 영향을 미치는 현상이다. 따라서 각자 활동하는 영역에서 무역 패러다임과 관련된 또는 이를 동반하는 여러 가지 '하부 패러다임 전환sub-paradigm shifts'을 발견하고 식별할 수 있다. 국제 관계에서 볼 때, 이러한 '전쟁에서 무역으로'라는 근본적인 패러다임 전환을 동반하는 것들이 많이 있을 것이다. 이 책에서는 예시적으로 다음 열 가지 하부 패러다임 전환을 살펴보고자 한다. 이들은 이미 21세기의 국제 관계에서 뚜렷이 윤곽을 드러내고 있는 것들이다.

(1) 열린 세계에서 닫힌 세계로 : 신대륙 개척 시대에 지구는 무한히 크고 식민지는 한없이 널려 있을 것으로 생각했다. 그러나 지구 탐험과 정복은 완성되었다. 모두 하나의 마을에 사는 것처럼, 이제는 지구상에 일어나는 일들이 실시간으로 전 세계에 알려지게 되었다. 지구촌이라는 개념으로 대변되는 이러한 변화는 이미 우리에게 피부로 느껴질 만큼 다가와 있다. 수천 년 동안 강한 부족이나 강국이 정복지와 약소민족을 찾아 팽창하던 시대는 지났다. 이제는 모두 닫힌 지구촌 속에서 함께 사는 지혜가 필요해진 시대에 살게 되었다.

(2) 독립에서 상호의존으로 : 전쟁 패러다임 하에서는 군사적으로 강력해야 하고 독립을 유지해야 한다. 독립에 실패하면 곧 예속을 의미했다. 그러나 무역 패러다임 하에서는 상호의존을 추구해야 한다. 독립은 고립과 빈곤을 의미하게 된다. 과거 미국과 소련, 현재의 남북한의 차이가 바로 이를 보여주고 있다. 소련은 독립과 자급자족, 군

사력 강화를 고집하다가 소멸했다. 북한도 상호의존의 시대에 독립과 주체를 외치며 올드 패러다임에 살고 있기 때문에 곤경을 겪고 있는 것이다. 중국처럼 상호의존의 관계로 진입해야 한다. 일본은 물론 한국과 중국 그리고 다른 모든 동아시아 국가들이 상호의존의 무역 패러다임에 진입해 안정과 번영을 누리고 있는 것이다.

(3) 강대국/약소국에서 부국/빈국으로: 21세기의 세계에서는 전쟁이 아니라 무역에 의한 경쟁을 하게 되므로 과거 군사력을 주로 한 강대국, 약소국의 개념 대신 부국과 빈국의 새로운 패러다임이 이를 대체하게 된 것이다. 부국과 빈국의 구분으로 국제사회의 문제를 정의하게 됨에 따라 국제사회는 전쟁과 평화의 문제를 비교적 쉽게 관리하게 되었지만, 동시에 아주 심각한 새로운 문제에 부딪히고 있다. 21세기 국제사회의 가장 핵심문제로 등장하고 있는 남북 빈부의 대립North-South divide, 즉 선·후진국 간의 대립이 그것이다. 현재 유엔을 비롯해 국제포럼에서 벌어지고 있는 거의 모든 대립 갈등은 남북 빈부 대립을 그 축으로 하고 있다. 과거 동서 대결East-West divide을 대체하는 새로운 남북 대결 구도North-South divide의 장이 되어버린 것이다.

실제로 현재 국제사회의 거의 모든 문제, 지구 온난화

와 핵무기의 해결 등이 남북 빈부권 간의 대립으로 그 진전이 막혀 있다. 예를 들면 기후변화 문제에서는 일부 진전이 없는 것은 아니지만, 기본적으로 선진부국North은 공동 부담을, 개도빈국South은 역사적 책임을 주장하며, 핵무기와 관련해서는 선진부국North은 비확산에 초점을, 개도빈국South은 군축에 초점을 맞추기를 원하고, 국제테러 문제에서도 선진국North은 당장의 대책을, 개도국South은 테러의 원인을 치유하자는 주장을 하고 있는 상황이다. 모든 국가들이 범세계적 문제의 심각성에 아직 뜻을 모으지 못하고, 전쟁 패러다임 하에서 익혀온 관성에 따라, 이기적 국익parochial national self-interest을 추구하고 있기 때문이다.

(4) 약육강식의 대상에서 국제사회의 부담으로: 과거 약소국은 강대국에게 노예와 자원의 약탈을 제공하는 좋은 먹을거리였지만, 이제 국가 간에는 무역에 의해 이득을 취하게 되므로, 빈국은 이제 어느 나라도 돌보기를 꺼리는 국제사회의 부담이 되어버렸다. 이들은 과거 약소국에서 이제는 가난한 나라 또는 '실패한 국가failed states'로 불리게 되었다. 개별 국가는 실패한 국가들을 관리할 이득이 없어짐에 따라, 국제사회에 공동의 책임을 지우게 된다. 전략적으로 중요한 지역은 직접 개입을 통해, 그렇지 않은 지역은 유엔에 그 책임을 맡기고, 유엔은 평화유

지활동(PKO)을 세우게 된다.

(5) 국가 간 전쟁에서 국내 분쟁으로: 국가 간에 무역에 의한 경쟁이 전쟁을 대체함에 따라, 수천 년간 역사를 점철했던 국가 간의 전쟁은 급격히 줄어들게 되었다. 반면, 실패한 국가들에 대한 강대국의 관심이나 관리(점령, 수탈)가 없어짐에 따라, 실패한 국가의 국경 내에서 인종, 문화, 종교, 언어 문제 등을 이유로 한 내전이 빈발하게 되었다. 선진부국들은 유엔을 활용한 평화유지활동(PKO) 정도로 대처하고 무관심하고 싶지만, 무관심할 수 없는 인도적인 문제, 즉 인종 학살, 인종 청소 등의 상황에 대처하기 위해, 국제보호의무-R2P(responsibility to protect) 등의 새로운 개념 등을 등장시키고 있다.

(6) 지정학에서 범세계적 문제로: 21세기에 들어와서 국제사회는 급격히 국제테러, 기후변화, 핵무기 비확산, 후진국 인구 급증, 전염병의 전파 등 범세계적인 문제에 직면하게 되었다. 이러한 문제는 현재 다자문제로 주로 다루어지고 있으나, 국경을 초월해 빈부를 구분하지 않고 모든 개별국가에 직접적인 영향을 미치게 된다. 전쟁과 평화의 문제를 중심과제로 다루며 수천 년간 국제사회를 지배하던 지정학은 이제 범세계적 문제에 이미 자리를 양

보한 상황이다. 물론 그렇다고 해서 군사력이 불필요해진 것은 아니다. 자국의 경제력을 보호하고 무역에서 오는 이익을 보호하기 위해, 억지력으로서 군사력은 여전히 중요한 자리를 차지하고 있다. 그러나 이제 어느 국가도 과거 수천 년간 해온 것처럼 군사력을 앞세워 영토 확장을 꾀하고 자원을 획득하며, 식민지를 넓히는 생각을 하고 있지 않다. 군사력은 억지력으로서 가지고 있을 뿐이며, 군사력이 그 해결에 별 도움이 되지 않는 범세계적 문제가 각국이 직면한 최대의 관심사로 점점 확실하게 자리를 잡게 될 것이다.

(7) 분쟁과 투쟁에서 경쟁과 협력으로: 전쟁 패러다임 속에서는 근본적으로 모든 국가들이 충돌, 분쟁과 투쟁의 관계에 있었다. 동맹과 이합집산이 있었지만, 그것은 분쟁과 충돌이라는 큰 틀 속에서 유지되고 소멸되었다. 그러나 이제 새로운 무역 패러다임 속에서는 경쟁 못지않게 진정한 의미의 협력도 중요하게 되었다. 경쟁은 불가피하게 남아 있다. 그러나 무역 패러다임을 관리하고, 또 이를 동반하는 범세계적 문제의 등장은 모든 국가들에게 자국의 생존과 국익을 위해 상호 협력을 강요하고 있다.

(8) 이기적 국익에서 계명된 국익으로: 전쟁 패러다임

속에서 그리고 새로운 점령지와 개척지가 무궁무진하던 열린 세계 속에서는 강대국들은 '국익' 즉 좁은 의미의 국익parochial national interest을 추구할 수 있었다. 또 모든 나라가 각자 자국의 이익만 추구해도 열린 세상에서는 지구적인 문제를 야기하는 일이 없었다. 그러나 지구는 이제 닫힌 세상의 환경을 가지게 되었다. 그러한 환경 속에서 각국이 고전적 국익 추구를 계속할 경우 공멸을 가져올 가능성을 내포하게 되었다. 즉 환경 파괴, 자원의 고갈, 핵무기 확산, 개도국 인구 증가 등 범세계적 문제의 대두는 공동의 이익을 고려하지 않고 각국이 자신의 국익만을 추구할 때 21세기 인류에게 닥칠 위험을 경고하고 있다. 국제사회의 앞날을 위해서는 이제 각국이 하루빨리 이기적 국익을 정리하고 '계명된 국익enlightened national interest'에 입각해 국제협력의 자세를 취해야 한다. 특히 지도국의 위치에 있는 나라에게 그러한 책임이 돌아가게 되었다. 일본이나 유럽은 이에 실패한 것으로 보인다. 미국은 가능성이 있으나 아직 '계명된 국익'의 길을 추구하겠다는 징조를 보이지 않고 있다. 중국은 전통과 문화적으로 그러한 길을 택하는 데 있어서 유럽이나 미국보다 역사적인 부담이 없어 보인다. 중국이 21세기의 지도국이 되는가 하는 문제는, 미국을 대체하는 새로운 패권국가가 되느냐 하는 데 있지 않고, 계명된 국익을 앞세워 국제사회를 리

드해나갈 수 있느냐 하는 데 있다고 볼 수 있다. 미국이 21세기에 세계의 지도국으로 남아 있느냐 하는 문제도 같은 문제로 귀결된다고 볼 수 있다.

(9) 남성 우위에서 남녀평등으로: 전쟁 패러다임 속에서는 당연히 신체적 근력의 우위를 앞세운 남성 지배 구조가 수립되고 확고해지게 되었다. 수천 년간 전쟁 패러다임이 지배하는 인류역사 속에서 여성은 희생되고 남성에 예속된 지위를 갖게 되었다. 그러나 21세기 무역 패러다임의 등장은 남녀관계에서 근력에 기인한 여성의 신체적, 상대적 약점을 없어지게 했다. 무역 패러다임 하에서는 근력보다 두뇌가 실력을 발휘하게 되어 있다. 뉴 패러다임이 요구하는 협력, 타협과 화해에는 여성이 적어도 남성만큼 능력을 발휘하게 되었다. 모든 선진국에서 여성 취업률과 사회진출이 급증하는 것이 바로 이 때문이다. 반대로 개도국에서 아직 여성의 지위가 약하고 사회진출이 미약한 것도 남녀평등을 요구하는 뉴 패러다임에 적응하지 못하고 있기 때문이다.

(10) 국가 독점에서 시민사회와 민간기업의 참여로: 전쟁 패러다임 내에서는 국가가 모든 것을 독점하는 현상이 자연적이었다. 그러나 이제 전쟁과 평화, 국경의 의미가

갈수록 희박해지는 뉴 패러다임 속에서는, 국가의 기능에 시민사회의 참여와 민간기업의 역할이 점점 커다란 비율을 차지하게 된다. 특히 각국 정부가 올드 패러다임의 오랜 관성으로 뉴 패러다임 하에서 일어나는 시급한 문제들에 충분한 노력을 기울이지 못할 경우 그렇다. 각국 정부가 전쟁 패러다임 하에서 습득한 편협한 국가이익에 계속 집착할 경우, 범세계적인 문제에 의해 위협받는 인류의 미래나 국제사회의 미래는 그만큼 방치된다. 급박한 범세계적인 문제의 처리를 각국 정부가 외면하면 외면할수록 그만큼 시민사회가 그 역할을 대신하게 된다. 21세기를 시민사회의 세기로 부르는 이유도 여기에 있다.

되풀이하지만, 21세기 우리가 처한 주변 환경은 역사적인 패러다임의 전환을 맞아 급변하고 있는데, 유감스럽게도 국가든 개인이든 우리의 사고 속에는 올드 패러다임과 뉴 패러다임이 혼재한다. 수천 년 동안 우리를 지배해온 올드 패러다임이 쉽사리 우리의 마음속에서 또 국가의 행위 속에서 그 힘을 잃으리라고 기대하는 것은 무리일지 모른다. 관성의 법칙에 따라, 상당 기간 올드 패러다임이 계속 상당한 힘을 발휘할 것으로 보인다.

그러나 패러다임은 선택이 아니다. 뉴 패러다임은 이미 우리와 함께 있다. 서서히 그러나 확실히 뉴 패러다임이 올드 패러다임을 대체하게 될 것이다. 개인이든 국가든 이에 빨리 적응하는 자가 승리한다. 미래를 차지하게 되기 때문이다.

올드 패러다임과 뉴 패러다임의 혼재 현상은 우리나라의 경우 특히 두드러지는 측면이 있다. 아마도 남한은 뉴 패러다임에 급속히 적응해 성공하고 있는데, 바로 이웃에 있는 북한은 올드 패러다임에 계속 집착하고 있는 것이 중요한 원인으로 보인다. 우리가 북한 문제, 한미동맹, 한중협력, 한일교류 문제를 다룰 때, 이러한 상황이 어떻게 영향을 미치고 있는지, 또 이러한 문제를 다루면서 앞으로 뉴 패러다임을 어떻게 적극적으로 활용할 수 있는지 살펴보기로 하자.

3

북한, 개방과 소멸 사이에서 균형 잡기

"되풀이하지만,
북한의 소멸은 외부세계가 그것을 유도하거나 촉발할 수 없다.
동독과 소련의 소멸이 이를 웅변으로 말해주고 있다.
기본적으로 이들 국가는 내부 모순의 누적으로 스스로 소멸한 것이지,
외부에서 소멸을 유도한 것이 아니다."

1. 대북 인게이지먼트, 어떻게 할 것인가?

북한을 뉴 패러다임으로 이끄는 방법

우리가 북한을 대할 때에는 미국과 중국을 포함한 국제사회와 한 가지 본질적으로 다른 측면을 안고 있다. 그것은 북한이 우리 안보의 중대한 위협의 원천이기도 하지만 동시에 북한 주민은 우리의 형제자매라는 것이다. 그래서 어떤 경우에도 우리가 북한을 계속 접촉하고, 가능한 대로 교류와 협력을 증진해 평화를 정착시키고 통일을 도모해야 한다는 역사적 책임을 안고 있는 것이다.

그간 우리의 적극적인 대북교류 입장은 '햇볕정책', '포용정책' 그리고 '화해협력정책' 등으로 표현되어왔다. 그러나 이러한 표현에는 내재된 문제가 있다. 이와 같은 정책을 전면에 내세울 경우 마치 남북 사이에 대화, 화해, 교류, 협력이 당연히 가능하다는 함의를 전달하기 때문이다. 그러나 대북 화해협력정책은 북한이 화해와 협력을 거부하거나, 북한이 내부 사정으로 우리와 화해 협력을 할 입장에 있지 못할 때는 성립이 되지 않는 정책이다. 만약 그럼에도 불구하고 우리가 무리하게 추진할 경우, 소기의 성과를 거두지 못하는 우리 측의 일방적인 행위가 되어버린다.

주체사상, 강성대국, 선군정치를 외치며 자초한 고립 속에 있는 북한에 대한 교류정책은 기본적으로 적어도 두 단계를 상정할 수밖에 없다. 즉 먼저 대북 접촉이나 인도적 지원, 북한을 국제사회로 끌어내기 위한 국제사회나 시민사회의 갖가지 노력에 대한 물질적, 정책적 지원 등은 우리의 노력만으로 시행할 수 있는 것이다. 그러나 다음 단계인 남북 사이의 진지한 대화, 화해, 교류, 협력은 북한의 참여 없이는 실질적으로 불가능하다. 우리는 이것을 받아들여야 한다.

즉 우리가 북한을 대할 때, 남북 화해 협력, 평화 정착, 궁극적 통일 같은 목표와 이상을 공표하고 지향하는 것은 좋지만, 북한이 호응하지 않는 한 아무리 우리가 원한다고 해도 현실적인 한계가 있다는 것을 충분히 인식하고, 이러한 목표와 이상을 지향해야 한다는 것이다.

결국 북한을 접촉하는 노력은 언제나 계속하되, 그 접촉이 교류와 협력으로 이행될 수 있는지, 평화 정착과 통일로 이어질 수 있는지는 북한의 입장과 반응을 보아가며, 그 가능성을 신중히 평가하고 냉철하게 판단하며 추진해야 한다. 그런 면에서 북한 정권은 우리 안보의 중대한 위협의 원천인 동시에 북한 주민은 우리의 형제자매라는 이원적이고 복합적인 북한을 다루는 우리의 입장은 인게이지먼트 정책engagement policy으로 표현하고 풀어나가는 것이 가장 적절하다고 볼 수 있다. 인게이지먼트를 우리말로 옮기면 관여, 개입, 참여 등으로 할 수도 있지만, 가장 왜곡이 적은 '교류정책'으로 표현하기로 한다.

21세기에 들어서면서, 북한 문제는 과거처럼 우리와의 경쟁 상황에서 비롯된 문제들이 아니라, 북한의 핵 실험, 미사일 실험, 민생을 외면하면서 생기는 인권 문제와 기아 문제 등이 주류를 이루고 있다. 이러한 북한 문제는 북한이 아직 전쟁이라는 올드 패러다임에서 벗어나지 못하고 있는 데서 생기는 것이므로, 어떻게 북한을 무역의 뉴 패러다임으로 진입시키느냐 하는 것이 문제의 핵심이며, 우리나라의 대북교류정책의 요체도 여기에 있다고 볼 수 있다.

우리의 대북교류정책은 북한만 호응한다면 어렵지 않게 성공할 수 있다. 북한의 현재 상황을 면밀히 살펴보면 긍정적인 여건이 적지 않기 때문이다. 북한은 세계 도처에 있는 다른 실패한 국가failed state와는 달리 문맹률이 극도로 낮으며, 동기부여가 높은 고급인력을 가지고 있으며, 인프라가 많이 손상되어 있으나 기본이 갖추어져 있는 등 경제발전에 성공할 가능성이 어떤 개도국보다 높다. 사실 불과 20년 전까지 인근 중국의 단둥丹東의 경제 수준이 북한과 비슷하였다. 또 불과 30~40여 년 전까지 한국과 북한의 경제 수준이 비슷하였다. 이를 감안하면, 역사 · 문화를 공유하고 있는 북한 지역과 주민들에게 조건만 주어진다면, 이들이 단둥이나 한국과 같이 급속히 경제발전을 이루는 것은 얼마든지 가능하다.

또 대부분의 실패한 국가들은 지리적으로 고립되어 있거나 주변에 유사한 실패한 국가들 사이에 있는 경우가 대부분이다. 다시 말하면 대부분의 실패한 국가들이 올드 패러다임의 주변 환경 속에 있다고 볼 수 있다. 그러나 북한의 경우는 미국은 물론 한 · 중 · 일 · 러 등 주변에 모두 뉴 패러다임을 도입하고 이에 빨리 적응해 성공한 나라들로 둘러싸여 있기 때문에, 북한만 결심하면 뉴 패러다임을 도입하고 주변 국가들과 상호의존의 관계를 수립하고 이에 익숙해지는 것은 시간문제로 볼 수 있다.

남북한이 같이 잘 살자는 것이 우리의 대북 인게이지먼트 정책이다. 결국 한국의 현실적인 대북정책목표는 우선

통일보다 평화 정착이 될 수밖에 없다. 무력통일이 안 된다는 것은 이제 우리 사회에서는 거의 모두가 받아들이고 있는 명제로 보인다. 평화통일은 선전 차원에서는 좋지만 역사상 사례가 없다. 따라서 실질적이고 구체적인 정책목표로서는 성립될 수 없다. 북한의 붕괴는 1990년대 이후 몇 차례 국제사회가 기대했던 것과는 달리 현실화되지 않았다. 북한이 어떠한 선택과 정책을 추구하느냐에 많이 좌우될 수 있는 사안이다. 북한이 붕괴할지, 붕괴할 경우 언제, 또 어떤 모습을 띄게 될지 알 수 없다.

무력통일은 불가하고, 평화통일은 비현실적이며, 북한의 붕괴는 예측할 수 없다는 이러한 구도 속에서 보면 결국 한국의 대북정책은 한 가지 현실적 선택만 있는 셈이다. 즉 대북교류정책뿐이다. 남북 간의 접촉, 대화, 교류, 협력을 통해 상호의존성을 증가시켜 평화를 정착시키자는 것이다. 그리고 평화 정착을 넘어 궁극적인 통일을 이루는 주체는 우리라는 인식을 굳게 하는 것이 필요하다. 이러한 비전 아래, 비록 북한과의 협상이 어렵더라도 이를 위한 노력은 계속해야 하며, '협상은 하지 않더라도 대화는 지속해야 한다'는 원칙을 견지하고 실천해야 한다. 북한이 전략적 결단을 선택할 수 있도록 우리가 계속 접촉하고, 설득하고, 대화하는 노력을 끊임없이 기울여야 한다. 그런 차원에서 대북교류정책은 우리에게 필연적이다.

북한이 처한 이율배반의 딜레마

우리가 필연적으로 추구해야 하는 대북교류정책에는 내재적인 어려움이 있다. 그것은 손뼉이 마주쳐야 소리가 나는 것처럼, 남북 교류는 북한이 호응을 해야 성립이 되는 것인데, 우리와는 달리 북한은 대남교류정책을 구사하는 데, 또 우리의 정책에 호응하는 데 어려움을 겪고 있기 때문이다.

결국 우리의 대북교류정책의 성패를 가름하는 최대 문제는 북한 내부에 있는 것이다. 북한이 뉴 패러다임으로 진입하기 위해서는 우리나라나 중국이 그랬던 것처럼, 민생에 주력하고, 무역 · 투자 등에서 주변 국가들과의 상호의존을 키워나가야 한다. 한중 관계와 북중 관계를 보면 북한이 나아가야 할 길이 명확하게 보인다. 21년 전 한중 수교 당시, 북중 간에는 주당 3편의 정기항공로가 있었고, 한중 간에는 한 편도 없었다. 21년이 지난 2013년에 한중 간에는 주당 830편의 정기항공로가 생긴 반면, 북중 간에는 아직도 주당 10편 정도에 불과할 뿐이다. 교역량도 한중 간에는 2,200억 달러로 급신장한 반면, 북중 간에는 50억 달러 전후에 머물러 있다. 결국 한국과 중국은 다른 나라들과 상호의존도를 높여, 동북아 지역과 그 너머까지 안정을 공급하는 나라로 발전한 반면, 북한은 이에 역행해, 동북아 안보에서 최대의 불안정 요소가 되어 버린 것이다.

북한이 무역의 뉴 패러다임을 도입하고, 주변국과 상호 의존도를 높이려면, 무엇보다 북한이 스스로를 도울 줄 알아야 한다. 그런데, 북한 체제의 본질상 스스로 돕는 데 커다란 위험이 따르게 되어 이를 실행하지 못하고 있는 것이다.

여기에 북한이 안고 있는 딜레마, 즉 북한 문제의 본질이 있다. 북한이 스스로의 생존을 위해 국제사회의 뉴 패러다임을 성공적으로 받아들일 수 있을 것인가? 아니면 결국 소멸할 때까지 계속 전쟁이라는 올드 패러다임에 집착하게 될 것인가? 생존의 길은 명확하다. 올드 패러다임(전쟁)을 버리고, 뉴 패러다임(무역)을 받아들이면 된다. 그러나 북한은 그렇게 하기에는 내부적으로 스스로 너무나 많은 장애를 쌓아왔다. 그들이 그들이 오랫동안 신봉해온 주체사상, 강성대국, 선군사상 그리고 핵무기와 미사일 개발 등이 그것이다.

그 속에서 북한은 간헐적으로 또 마지못해 무역과 민생을 지향하는 노력을 하곤 했다. 뉴 패러다임으로 전환하기 위해 미온적인 노력해왔을 뿐이다. 그것은 북한이 전략적 딜레마에 빠져 있기 때문이다. 즉 올드 패러다임과 뉴 패러다임 사이에서, 어느 것도 버리지 못하고 어느 것도 취하지 못하는 상황에 처한 것이다. 북한이 처한 여건 속에서 핵무기 개발(올드 패러다임)과 경제발전(뉴 패러다임)의 동시 추진은 불가능하다. 그런데 북한은 두 가지를 다 취하려고 한다. 이율배반의 상황에 스스로 빠져 있는 것이다.

북한은 전쟁 패러다임에 대한 집착을 정권의 생존을 보장하는 길로 생각하고 있다. 그러나 소련의 예에서 보듯이, 군사력 강화에 모든 자원을 동원하는 올드 패러다임에 집착하는 것은 결국 소멸로 이르는 지름길이다. 북한이 호응해오지 않거나, 호응하기 어려운 입장에 있다면, 우리의 대북교류정책은 그만큼, 접촉에 중점을 둘 수밖에 없으며, 협력으로 진행하는 것은 아무리 우리가 가슴으로 원한다고 해도 진전되기 어렵다. 따라서 대북정책을 펴나갈 때, 우리가 열심히 하면 북한도 따라올 것이라거나, 우리가 좋은 정책을 개발하면 북한이 받아들일 것이라거나, 동족끼리 진지하게 마주 대하면 결국 성공할 수 있을 것이라는 막연한 환상에서 벗어나야 한다. 그 대신 정확한 상황인식과 냉철한 판단에 의존해야 한다. 유감스럽게도 북한이 호응해 올 때까지 우리의 대북교류정책은 '환상 없는 인게이지먼트engagement without illusion' 가 될 수밖에 없다.

현상인정과 트로이의 목마

우리의 교류정책이 답보 상태에 있거나, 남북관계가 경색되어 있을 때, 많은 이들은 동서독 관계를 예로 들면서, 우리도 창의적이고 적극적인 대북교류정책을 착안하고 수행할 것을 주문하고 있다. 그러나 남북관계와 양독관계는 근본적으로 다른 측면이 있음에 우리는 주목해야 한다. 다시 말하면, 우리의 대북 인게이지먼트 정책과 독일의 동방정책Ostpolitik을 비교할 때 우리의 대북정책은 원초적인 장애를 안고 있다.

서독은 동독과 주변 국가에 대해 동방정책으로 인게이지먼트 전략을 구사했다. 서독의 동방정책이 성공할 수 있었던 것은 동독에서 적극적으로 응해왔기 때문이다. 서독은 '접근을 통한 변화Wandel durch Annäherung—Change through Rapprochement'라는 기치 아래 과감히 현상인정Status quo을 표방했다. 그것이 성공할 수 있었던 것은 동독과 그 뒤에 있는 소련이 현상인정을 절실히 원하고 있었기 때문이다. 소련은 자신의 영토를 넓힌 폴란드와의 국경을, 동독은 독립국가로서의 국제적 인정을 원했기 때문이다. 서독이 현상인정 정책을 표방하자 서독 내에서는 통일을 포기하는 것이 아닌가 하여 강력한 반발이 있었다. 그러나 소련의 호응으로 베를린 문제가 해결되고, 동독의 호응으로 동서독 국민 간의 자유로운 친척 방문과 교류가 이루어졌다. 이로서 동서독 간에 어느 편이 일방적인 양보 또는 손해를 본다는 인식이 대부분 불식되고, 결실한 내용이 있는 진전을 서로 주고받는 상호주의가 성립될 수 있었다.

바로 여기에 독일의 동방정책과 우리의 대북 교류협력정책의 차이가 있다. 상술했듯이 독일의 동방정책은 서독으로부터 인정을 원하는 동독을 과감히 인정하고 나선 서독의 이니셔티브가 동독의 호응으로 성공한 것이다. 또 눈여겨볼 점은 서독 정부의 과단성 있는 결정의 배경이다. 당시 국내 여론상 정통성이 없는 소련의 위성국인 동독을 인정하는 데 정치, 도덕적인 저항감이 아주 컸다. 또 소련과 독일 간의 국경, 그리고 동서독의 분단선을 받아들이는 것은 현상을 고착화해 통일을 저버리는 것이라는 비난을 피하기 어려웠다. 그러나 동독이 이를 간절히 원하는 점을 십분 활용, 동독과 소련으로부터 평화 정착과 교류증진이라는 눈에 보이는 커다란 성과와 양보를 받아냄으로써 과감한 정책 결정이 타당했음을 증명했던 것이다.

반면 우리의 햇볕정책은 북한에게 경제적으로 많은 것을 주었지만, 북한으로부터 평화 정착이나 남북 교류에 관한 본질적이고 항구적인 합의를 이끌어내는 데 실패했다. 결국 정치적인 상황 변화에 따라 손쉽게 모든 것이 원점으로 돌아가는, 영속적으로 아무것도 남는 것이 없는 교환이 되어버린 것이다.

이 같은 차이의 근저에는 소련과 동독이 서방과 서독으로부터 간절히 원하는 것이 컸던 반면, 북한은 한국으로부터 경제적인 원조 외에는 원하는 것이 없다는 기본적인 차이가 존재한다. 평화 정착이나 현상인정에 실패할 수밖에 없었던 이유는 수십 년간 북한이 남한에 대해 무력통일이라는 현상타파 정책을 취해왔기 때문이다. 그것이 문제였다. 이제 그것이 시대에 뒤떨어진 발상임이 분명해졌는데도 아직 현상인정 정책으로 방향 전환을 못하고 있는 것이다. 동서독 관계와 남북관계가 확연히 대비되는 측면이다.

북한이 우리의 제안에 따라, 또 동독의 전례를 따라, 현상인정 기조 위에 남북관계를 재정립할 때, 그때 남북평화 정착이 가능해진다. 북한은 타성에 의해 시대착오적인 현상타파정책의 기조를 계속 유지하는 것과, 자력에 의한 현상타파는 불가능해졌으므로 현상인정의 기조 하에 출구를 찾아야 한다는 두 가지 기본 명제 사이에서 방향을 잡지 못하고 있는 것이다. 이 같은 상황은 그대로 한국의 대북교류정책에 짐이 된다. 북한이 전략적 선택을 해서 한국과 현상인정 원칙 위에 교류와 협력을 결심할 때, 남북관계의 진정한 돌파구가 열린다.

동독과 비교할 때, 북한은 이러한 전략적 결단의 문제

와 함께 또 하나의 커다란 문제점을 안고 있다. 외부세계의 북한 내 진출이 아무리 순수한 의도에서 비롯된 것이어도 북한의 눈에는 트로이의 목마Trojan horse 혹은 독이 든 당근poisoned carrot으로 보인다는 것이다. 외국과의 교역, 투자, 그것이 트로이의 목마가 되는 까닭은 외부의 의도가 아니라 북한의 반세기에 걸친 고립, 외부와의 차단 정책에서 오는 뿌리 깊은 의구심 때문이다.

1990년대 제네바 합의에 의한 경수로 건설이 지지부진해 수년이 지나도록 별다른 진전을 보지 못하고, 모멘텀을 상실한 것은 바로 북한의 의구심 때문이었다. 뉴욕에 본부를 둔 한 · 미 · 일 3국 간의 한반도에너지개발기구(KEDO)는 초기 수년간 많은 기대를 갖고 북한과 뉴욕에서 경수로 관련 협상을 한 바 있다. 그러나 대부분의 시간과 에너지는 실질적인 경수로 사업의 진전에 쓰여진 것이 아니라 북한의 상상을 초월한 의구심과의 씨름에 낭비되었다. 오늘날 개성공단 프로젝트에서 북한 노동자들이 직접 월급을 받지 못하고, 평양 정권이 나누어주는 일부 월급만 받고 출퇴근조차 철저한 통제 하에 있는 것, 그리고 비록 제한적인 것이기는 하지만, 현실적으로 가능한 개성공단 방식의 프로젝트를 다른 지역, 즉 신의주, 남포, 나선 지역 등으로 확대하고자 하는 우리의 제안조차도 북한이 받아들이지 못하는 것도 바로 북한의 '트로이의 목마'

에 대한 뿌리 깊은 의구심 때문이다.

북한이 이를 극복하고 중국이 그랬던 것처럼 생존과 번영의 길을 택할 수 있을까? 스스로를 돕지 않는 자는 외부에서 결코 도울 수가 없다. 무엇보다 먼저 북한이 스스로를 도울 수 있어야 한다.

봉쇄는 폭발을 일으킬 뿐이다

우리 사회 내에서 대북교류정책에 모두가 다 동의하는 것은 아니다. 첫 번째 이견은 대북 봉쇄정책이 교류정책보다 북한 문제를 해결하는 데 더 효율적이지 않나 하는 생각이다. 교류정책보다는 봉쇄(격리 또는 압박)정책이 문제의 해결을 촉진하지 않을까 하는 의견이 국내외에 있다. 즉 우리가 봉쇄정책을 취하는 것이 북한의 소멸을 촉진하거나 또는 북한으로 하여금 딜레마를 해결하고 개혁과 개방으로 이르도록 전략적 결단을 촉진할 수 있다는 기대감인 것이다.

북한을 계속 압박하고 고립시킬 경우 북한의 소멸이 촉진될 것인가? 또는 북한이 두 손을 들고 개방과 개혁을 받아들이겠는가? 아마도 봉쇄정책은 그 반대의 결과를 초래할 가능성이 더 크다. 외부세계가 북한의 개방과 개혁을 유도하겠다고 말하면 할수록 북한은 그만큼 더 이를 경계할 것이다. 그리고 평양은 이러한 외부의 공세적 입장을 주민통제에 더욱 활용할 것이다. 그러므로 외부세계의 압박은 평양의 개혁이나 개방을 더욱더 어렵게 할 것이다. 만약 북한이 개방 개혁의 길로 들어선다면, 이는 북한 스스로의 선택에 의해 그렇게 될 것이다.

대북교류정책을 취함에 있어서 장애가 되는 또 하나의 의구심은 혹시 이러한 정책이 죽어가는 북한을 공연히 살리는 것이 아닌가 하는 점이다. 교류정책이 북한의 생존기회를 높여줄지, 반대로 북한의 소멸을 촉진할지 속단할 수 없다. 그것은 북한이 하기에 달려 있기 때문이다. 냉전 후기에 두 나라가 똑같이 전쟁 패러다임을 정리하고 무역 패러다임을 받아들이는 방법으로 생존을 도모했지만, 소련은 소멸하고 중국은 번영하고 있다.

마찬가지로 교류정책에도 불구하고, 또는 바로 교류정책 때문에 북한은 소멸할지 모른다. 그러나 북한이 소멸할 경우에도, 교류정책 덕분에 북한은 봉쇄나 압박정책에 처해 있을 때보다 평화롭게 소멸할 것이다. 대결 위주의 봉쇄정책은 한반도에 비참한 결과를 초래할 가능성과 강도를 키운다. 북한의 내부 또는 외부로의 폭발이 그것이다. 즉 북한이 내부폭발implosion할 경우 안전판의 부재로 분열의 강도가 훨씬 강해질 것이다. 북한이 외부폭발explosion할 경우 평양 정권의 외부세계에 대한 적개심으로 폭발의 강도가 훨씬 강해질 것이다. 강도 높은 북한의 내부폭발이나 외부폭발은 북한에도 국제사회에도 이익이 되지 않는다.

북한이 소멸하지 않고 생존할 경우에도 대북교류정책은 한국과 국제사회에 이득이 될 것으로 볼 수 있다. 왜냐하면 무역 패러다임 내에서 한국과 북한 간의 상호 의존성을 크게 높여줄 것이기 때문이다. 교류정책으로 북한이 생존할 경우, 그 결과로 북한은 국제사회, 한국과 아주 닮은 체제를 갖게 되리라는 것이다. 이것이 한반도에 이득이 되는 이유는 상호 의존성의 증가와 남북 간 유사한 체제의 출현은 전쟁의 가능성을 크게 줄여줄 뿐 아니라, 통일은 아니더라도 통일에 아주 가까운 통합integration의 상황을 한반도에 가져올 것이기 때문이다.

2. 대북 억지력과 비상대책

전쟁이라는 올드 패러다임의 유산

우리의 기본적인 대북 접근방법이 상생을 기반으로 하고,

평화 정착을 통한 궁극적인 통일을 목표로 하고 있고, 이러한 전략 아래, 교류정책을 적극적으로 펴나간다고 해도, 북한이 평화 정착과 상생에 동의하는 정책으로 호응하는 전략적 결단을 하게 될지 알 수 없다. 북한 정권의 존재 이유와도 같은 그들의 기본정책인 주체사상, 강성대국, 선군정치는 우리의 교류정책과 궤를 달리하고 있기 때문이다. 또 그러한 정책의 표상으로 외부에 표출되는 북한의 군사력 증강, 핵무기 및 미사일 개발은 우리의 안보에 최대의 위협이 되고 있다.

우리 자체의 국방력과 한미동맹에 의한 복합적 군사능력은 북한의 그것을 압도하고 있기 때문에 북한이 결국 스스로의 소멸을 초래할 것이 뻔한 자살적인 전쟁을 도발할 가능성은 이론적으로 낮아 보인다고 할 수 있다. 그러나 도발이나 전쟁은 항상 합리적 계산에 의해 일어나는 것이 아니다. 또 남북한의 고도의 군사 대치상황으로 볼 때 우발적인 전투나 전쟁의 개연성도 배제할 수 없다. 무엇보다도 북한 정권이 군사력은 계속 키우면서, 민생을 외면하고 있고, 경제력은 해가 갈수록 피폐해지는 종합적인 상황에서 오는 기본적인 불안정성 때문에, 우리는 북한에게 항시 우리의 억지력이 굳건하다는 사실을 인지시켜야 한다. 북한의 군사도발은 곧 정권의 궤멸을 의미한다는 것을 항상 주지시켜야 한다. 그래야 북한의 도발이나 전쟁충동을 억지하고 예방할 수 있다.

남북관계의 제반 가능성 중에, 북한이 전략적 결단을 단행하고, 뉴 패러다임으로 진입하기 위해 진지하게 노력, 생존에 성공해 우리와 비슷한 나라가 되는 것이 최선의 시나리오이다. 우리가 교류정책을 추진하면서 바라게 되는 목표이고 이상이다. 동시에 우리는 북한이 그간 내부적으로 쌓아온 전쟁이라는 올드 패러다임의 유산을 극복하지 못하고, 무역이라는 뉴 패러다임의 도입에 실패해 한반도는 물론 동북아 안보의 최대 위협으로 계속 남는 시나리오에도 대비해야 한다.

그래서 우리에게 대북 억지력(抑止力, deterrence)이 요구되고 있는 것이다. 북한 주민이 같은 동포라는 점은 우리에게 필연적으로 교류정책을 취하도록 만들지만, 동시에 북한 정권이 우리 안보에 최대의 위협의 원천인 점은 우리에게 대북 억지력의 유지 발전을 요구하고 있다. 우리가 북한에 대해 교류정책과 함께 억지력의 행사를 동시에 추구할 수밖에 없는 양면성을 북한이 가지고 있는 것이다. 결국 우리의 대북교류정책은 우리의 대북 억지력과 함께 북한 문제를 관리하는 데 상호보완적인 관계를 이루고 있다.

우리는 북한의 핵 문제가 언제 어떻게 해결될 것인가 많은 고민을 하고 있다. 많은 북한 문제 전문가들은 북한 문제의 표상으로서 표출된 북한 핵 문제, 미사일 문제, 인권 문제는 북한 문제와 별도로 해결되기보다는 북한의 전략적 결단, 또는 북한의 소멸과 함께 해결 기회를 맞이할 가능성이 크다고 보고 있다.

국제사회의 많은 북한 전문가들은 북한의 생존으로부터 소멸에 이르는 여러 가지 시나리오 중에 북한이 끝내 내부 딜레마를 극복하지 못하고 커다란 진통을 겪게 될 가능성이 큰 것으로 보고 있다. 실제로 지금까지 우리 교류정책에 대한 북한의 대응은 상생과 평화 정착이라기보다는 그들의 갈등, 내부 진통, 모순 표출의 측면을 보이고 있다. 결국 우리에게 다가오는 것은 북한이 우리의 대북 교류정책을 외면하고 강성대국, 선군정치를 앞세워 핵무장을 시도하고, 미사일을 개발하고, 국가자원의 대부분을 군비에 쓰는 상황이 계속될지 모른다. 이러한 북한의 시대착오적인 전략에 희생되는 것은 우리의 형제자매인 북한 동포들의 민생이고, 그들의 말할 수 없는 고생은 탈북자의 예에서 극명하게 나타나고 있다. 결국 북한은 민생을 방기함으로써, 동북아에 불안 요소를 가중시키고 있는 것이다.

이러한 북한의 실패 또는 소멸의 시나리오는 한국과 주변 국가들에게 커다란 문제를 야기하게 된다. 그래서 대북 억지력을 바탕으로 '북한 문제의 관리'가 한국과 국제사회에 주어진 현실적인 과제가 되는 것이다. 북한 문제의 관리의 틀로서 우리와 국제사회는 북한이 그 생존을 위해서라도 뉴 패러다임에 적응해올 수밖에 없다는 희망을 품고 적극적인 교류정책을 펴되, 북한이 뉴 패러다임과 올드 패러다임 사이에서 갈등과 방황을 거듭하며 딜레마를 극복하지 못하면 어떻게 되는가 하는 문제를 심각하게 고민하고 이에 대비하지 않을 수 없다.

북한이 진정 두려워하는 것

북한이 붕괴, 소멸을 피하려면 반드시 경제를 발전시켜야 한다. 경제를 발전시키려면 반드시 바깥세상과의 무역과 투자의 길을 열어야 한다. 이는 곧 개방 개혁을 의미한다. 그러나 철저한 통제체제로 유지되고 있는 북한 정권에게 개혁 개방은 무섭다. 개방을 통해 주민에게 자유를 주는 것은 통제의 이완을 의미하고, 이것은 곧 정권의 붕괴로 이어질 수 있기 때문이다. 그렇다고 정권 유지를 위해 주민통제를 계속하자니 경제가 계속 나빠져서 정권의 기반을 약화시키고 결국 붕괴를 야기할 개연성이 크다. 이럴 수도 없고, 저럴 수도 없다. 진퇴양난의 딜레마에 빠져 있다.

북한 정권은 북한이 무력을 증강하고 핵무장을 하는 이유로 미국의 위협을 내세우고 있다. 미국이 한국과의 동맹을 파기하고, 미군이 한반도에서 철수하면, 북한 핵 문제를 포함한 모든 한반도의 문제가 해결된다는 것이다. 그러나 북한이 진실로 두려워하는 위협은 내부로부터의 위협이지, 미국의 침공 위협이 아니다. 북한이 미국의 위협을 계속 내세우는 것은 이제는 시대착오적이 되어버린 그들의 냉전기간의 현상타파정책에 기인하는 것이다. 이러한 정책은 냉전기간에 베트남이 통일을 위한 전략으로 추진했던 대미정책과 아주 흡사하다.

국제사회의 패러다임이 전쟁에서 무역으로 대전환을 이루고 있는 21세기에, 부담투성이인 북한을 탐내는 나라는 없다. 일각에서는 북한의 지하자원의 중요성을 부각시키기도 하지만, 구한말과는 달리 러시아, 일본, 중국, 미국 어느 나라도 북한을 병탄할 이득이 없다. 정복과 팽창을 위주로 한 전쟁 패러다임이 종식되었기 때문이다. 전쟁 패러다임 하에서는 남의 나라를 침공해 영토를 크게 하고 국민의 수를 늘리는 것이 최대의 목표였지만, 무역 패러다임 하에서는 실패한 국가를 점령하는 것은 그 국민의 미래를 책임진다는 부담만을 의미하기 때문에 어떤 나라도 다른 나라를 점령하려고 하지 않는다. 거꾸로 실패한 국가들을 피하려고 하는 경향이 국제사회에서 강해지고 있다. 마찬가지로 북한은 이제 국제사회의 부담이 되어버렸다. 북한은 외부의 위협이나 침략을 가상하거나 만들어낼 것이 아니라, 다른 나라의 부담이 되지 않도록 스스로의 문제를 해결해야 한다.

북한도 나름대로 노력을 하고 있다고 볼 수 있는 측면도 있다. 체제의 특성상 미온적이고 적당한 정도의 노력만 할 수밖에 없는 것이 문제인 것이다. 개방과 개혁 없이 무역과 투자를 받아들이는 방법이 없을까? 이것이 북한 정권이 고민 끝에 그간 시도한 갖가지 미온적인 개혁 방안이다. 두만강 유역 나선지역 개발 계획, 신의주 특구, 개성공단 등등이 그것이다. 북한은 아직까지 한 번도 외국의 투자기업으로 하여금 북한 주민을 직접 채용하고 월급을 직접 주는 것을 허용한 적이 없다. 시장경제, 무역 패러다임의 성공은 주민 개개인의 자유롭고 활발한 경제활동 없이는 불가능하다. 따라서 북한의 경제정책은 성공하지 못하고 있다. 통제도 유지하고 경제도 발전하는 방식은 없기 때문이다.

무역의 패러다임, 즉 시장경제는 개인의 자유 위에서만 가능하다. 한마디로 외국의 투자회사들이 개개인에게 직접 월급을 줄 수 있어야 한다. 다시 말하면 한나라가 시장경제에서 성공하기 위해서는 그 개개인이 외국 투자회사들로부터 직접 월급을 받아 자신의 미래를 개척하는 데

쓸 수 있어야 한다. 중국의 경제개방도 처음에는 현재 북한이 하고 있는 방식이었다. 국가가 외국투자 회사와 계약을 맺고, 노동력을 보급하고, 월급을 국가가 대부분 가져가고 일부만 노동자에게 주는 방식이었다. 한마디로 개성공단 방식이었던 것이다. 이러한 방식으로는 개인의 능력에 기초한 경제발전을 결코 기대할 수 없다. 국민을 엄격한 통제 하에 두는 것은 기본적으로 전쟁의 패러다임을 유지하는 것이기 때문이다.

덩샤오핑의 위대한 개혁은 바로 이 점에 착안해 이루어졌다. 초기에는 중국도 지금 북한의 개성공단식으로 통제와 개방이라는 두 토끼를 잡는 방안을 추구했다. 그러나 덩샤오핑은 날카로운 안목으로 두 토끼를 잡는 방법은 환상에 불과하다는 것을 간파했다. 개인의 자유로운 경제활동 없이는 진정한 경제발전이 없다는 결론에 도달하게 된 것이다. 덩샤오핑은, 과감하게 경제특구에서 개개인이 자유롭게 외국투자 기업에 취직하고, 월급을 받을 수 있도록 허용했다. 그것이 1980년대 중반에 일어난, 중국의 기나긴 역사에서 조용히 일어난, 그러나 가장 중요한 혁명 중의 하나였고, 오늘날 역사적인 중국의 부상을 가능하게 만든 전략적인 결단이었던 것이다.

북한의 변화, 개방 개혁, 전략적 결단에 대한 많은 추측과 토론이 있다. 그러나 결론적으로 단 한 가지만 보면 된다. 평양 정권이 북한 주민에게 자유롭게 외국투자 기업에 취직하고, 월급을 직접 받을 수 있도록 허용하는지 여부이다. 일본, 한국을 포함한 동아시아 4룡 그리고 중국이, 개개인이 자유롭게 각자의 능력을 최대한 발휘할 수 있도록 허용하는 시장경제에 의해 비약적인 발전을 이루었다. 같은 전통과 문화적 토양을 지니고 있는 북한도 할 수 있다.

북한은 변하지 않으면 결국 소련처럼 붕괴의 길로 들어설 개연성이 크다. 변화에는 위험이 따른다. 그러나 변화에만 생존의 길이 있다. 위험을 감수하고 변화를 시도하여야 한다. 이러한 결심은 쉽지 않다. 피해 가고 싶을 것이다. 되풀이하지만 북한 문제의 본질은 평양 정권이 세계사의 흐름에 역행해 무역 패러다임을 외면하고, 시대착오적인 전쟁 패러다임에 집착하고 있다는 데 있다. 따라서 북한의 생존은 평양 정권이 중국의 덩샤오핑 지도자가 한 것처럼 전략적 결단을 통하여 무역 패러다임을 받아들일 때 가능하다. 그것은 우리가 앞에서 살펴본 대로, 북한 주민 개개인에게 경제활동을 허용하는 것이다. 즉 외국투자 기업에 스스로 취업을 하고, 스스로 월급을 받도록 하는 것이다.

이러한 결정은 외부에서 강요할 수는 없다. 오직 북한만이 할 수 있다. 외부에서는 북한이 그러한 결정을 할 때

도울 수 있을 뿐이다. 즉 평양 정권은 생존을 위해 핵무기를 개발하는 대신 민생에 진력해야 한다. 시장경제를 받아들이는 것이다. 즉 스스로 도와야 하는 것이다. 밖에서는 북한이 스스로 돕도록 강요할 수도 없고, 이를 협상의 대상으로 삼을 수도 없다. 북한이 준비되어야 한다. 여기에 우리를 포함한 국제사회가 할 수 있는 역할의 한계와 고민이 있다. 해결책은 눈앞에 있는데, 북한이 결정을 하지 못할 때 우리가 할 수 있는 일은 무엇일까?

외부에서 오는 소멸은 없다

북한 문제는 어떻게 해결되나? 북한 문제는 한반도의 통일로 해결된다. 우리는 베트남의 무력 통일을 지켜보았고, 독일의 동방정책과 독일 통일 과정을 지켜보았다. 지난 수십 년간 한반도에서 수많은 통일 방안이 제시되었다.

남북한은 과거 수십 년간 협상에 의한 평화통일을 내세웠다. 그러나 대충 균등한 힘을 가진 분단국가 간에 1대 1 협상에 의해 자발적으로 통일을 이룬다는 것은 비현실적인 개념이다. 즉 협상에 의한 통일은 정책으로서는 성립되지 않는다고 보는 것이다. 지금까지 인류 역사에서 어떤 나라나 정권이 자진해 평화롭게 소멸의 길을 택한 예가 없다. 인간의 본성에 비추어볼 때 한 집단이 내부의 괴멸 없이 스스로 다른 집단에 합친다는 것은 있을 수 없다고 보는 것이다.

결국 통일은 무력에 의해서나 또는 스스로 그렇게 되는 한쪽의 소멸에 의해 이루어진다. 민족의 숙원인 통일은 간절한 정서의 염원으로 깊숙이 자리 잡고 있어서 이성으로 왈가왈부할 수 없는 측면이 있는 것은 사실이다. 그러나 통일을 염원하는 국민감정의 발로로서 협상에 의한 통일이라는 이상을 제시하는 것과 냉철한 국가의 정책으로 협상에 의한 통일정책을 추구한다는 것은 반드시 구분되어야 한다. 결국 협상에 의한 통일은 좋게는 이상, 나쁘게는 선전일 뿐, 실질적인 정책으로는 성립하지 않는다고 보아야 한다.

사실 역사상 대부분의 통일은 무력에 의해 이루어졌다. 협상, 평화적인 방법은 무력 통일에서 위계 또는 보조수단으로서 사용되었을 뿐이다. 19세기의 독일 통일과 20세기의 베트남 통일이 비근한 예이다. 한반도에서도 20세기 중반 북한에 의해 무력통일이 시도되었다. 북한이 무력침공 직전까지 협상을 제안하는 위계를 사용한 바는 잘 알려진 사실이다.

북한 문제의 근원은 북한이 무력통일 시도에서 일차 실패했음에도 불구하고, 현상타파정책을 계속, 모든 정책의 기조로 수십 년간 유지해왔고, 아직도 이를 버리지 못하고 있다는 데 있다. 북한은 타성에 의해 이제는 시대착오적이 되어버린 무력통일을 국가정책으로 계속 추구하고 있으며 모든 국가산업과 국력을 집중하고 있다고 볼 수 있다.

그러나 이제는 남북 간 국력의 커다란 편차로 그것이 불가능하게 되었다. 반대로 남측에 의한 통일을 북한이 두려워하게 된 것이다. 그러나 남한은 무력에 의한 통일을 배제하고 있다. 국가의 이념으로, 또 경이적으로 발전한 경제를 지키기 위해서도 한반도에서 또 다른 한국전쟁을 통일의 이름으로 치를 수는 없기 때문이다.

이처럼 한반도의 통일이 무력통일도 협상통일도 가능하지 않다면 결국은 남북한 어느 한쪽의 소멸에 의해 통일이 될 수 있다. 현재 상황으로 볼 때 남한보다 북한의 소멸 가능성이 월등히 큰 만큼 한반도의 통일이 어떠할지 짐작해볼 수 있다. 결국 한반도의 통일은 북한의 소멸에 의해만 가능하다고 볼 수 있다. 독일의 통일은 전쟁이나 협상이 아니라 동독의 붕괴에 의해 이루어졌다.

그러나 북한의 소멸은 외부에서 일으킬 수 없다는 특성이 있다. 결국 통일은 북한의 실패에 의해 일어난다고 본다. 이런 면에서 한반도의 통일은 적극적 정책의 산물이 되기 힘들다는 제한적 측면이 있다. 되풀이하지만, 북한의 소멸은 외부세계가 그것을 유도하거나 촉발할 수 없기 때문이다. 동독과 소련의 소멸이 이를 웅변으로 말해주고 있다. 기본적으로 동독은 내부 모순의 누적으로 스스로 소멸한 것이지, 서독이 소멸을 유도한 것이 아니다. 소련도 마찬가지이다. 내부 모순을 해결하지 못해 내부 붕괴로부터 소멸이 이루어진 것이지, 미국이나 서방 국가들의 침공이나 소멸 촉진정책에 의해서 촉발된 것이 아니다.

이런 측면에서 볼 때 한국이 북한에 대해 흡수통일을 원하지 않는다고 말하는 것은 좋은 전술적 수사가 될 수 있지만, 흡수통일을 하지 않겠다는 것을 정책으로 설명하는 것은 성립하지 않는다. 북한의 붕괴, 소멸은 북한의 생존 실패에 의해서 이루어지는 것이지 한국이나 외부세계의 기도에 의해서 이루어지는 것이 아니기 때문이다. 북한이 소멸하면 우리는 동족으로서 선택의 여지 없이 북한을 흡수통일해야 하는 것이다. 결국 통일은 우리의 정책적 기도에 의해서라기보다는 북한의 실패로 인하여 저절로 이루어진다고 볼 수 있다Reunification not by design but by default.

개방과 붕괴의 길 사이에서

그러면 북한의 붕괴는 임박했는가? 많은 서양의 전문가들이 지난 20년간 몇 번에 걸쳐 북한의 소멸을 기정사실화하고 시기만 남았다고 예측해왔다. 이러한 시나리오는 동유럽 공산정권의 붕괴를 모델로 한 것으로, 동아시아에는 맞지 않는 몇 가지 상황을 예단하고 있다. 북한 소멸을 점쳤던 전문가들은 북한 경제의 파탄을 그 이유로 들었다. 경제가 사실상 붕괴상태에 있으므로 정권도 소멸할 것이라는 것이다. 어떤 경제가 붕괴상태에 도달했는가? 그것은 북한이 수십 년간 추진해온 공업이 붕괴했을 뿐이다.

북한의 전통적인 농업은 홍수와 가뭄으로 피해는 입었지만 그대로 남아 있다. 역사적으로 한반도는 가뭄과 홍수 피해를 누차 당해왔다. 이는 새로운 사실도 아니다. 문제는 외부세계가 잘살고 있다는 것을 어떻게 주민에게 감추는가 하는 것이다. 즉 주민에게 수직적 비교만 허락하고 수평적 비교를 차단하자는 것이다. 북한 체제는 시작부터 바로 그런 목표를 염두에 두고 있었다. 북한은 세계에서 가장 고립되고 차단된 사회이다. 공업이 피폐해가는 가운데서도 정권의 생존에 중요한 군사공업 부문은 건재하다. 결국 북한의 고도 통제체제와 오랜 농업구조의 결합은 북한이 곧 소멸하리라던 예상을 뒤집고 계속 살아남는 비결이 되고 있다.

물론 현 상황은 북한이 단기적 생존방법에서 생각보다 훨씬 유연성을 보이고 있다는 것이지, 장기적으로 생존이

확보된 것을 의미하는 것은 아니다. 어떤 정권도 계속되는 경제적, 사회적, 정치적 피폐 속에서 계속 생존해나갈 수는 없다. 결국 문제는 북한이 현 체제를 유지한다면 단기적으로는 생존할 수 있으나, 장기적으로는 소멸할 수밖에 없다는 데 있다. 그 경우 문제는 단기적 생존과 장기적 소멸, 그 사이에 어떤 일이 북한에 일어나느냐 하는 것이다.

그 사이에 북한에서 일어날 일은 생존을 위해 어려운 개방과 개혁의 실험을 하느냐, 아니면 북한 내부의 권력 구조상 그러한 결단을 내리지 못하고 결국 소멸의 길로 들어서느냐 하는 것이다. 북한이 이러한 상황의 포로가 되어 우물쭈물할 경우, 계산 착오에 의해, 우발적인 사건으로 무력이 사용될 수 있다. 또는 의도적으로 그들이 모든 국력을 쏟아부은 군사력을 사용하거나 사용하고자 하는 유혹을 받을 수 있다. 또 두 가지 갈림길에서 딜레마를 극복하려다 실패하거나, 극복하는 과정에서 붕괴할 수도 있다.

이러한 상황에 대비하기 위한 대북 억지력의 유지 발전이 필요함은 이미 앞에서 살펴본 바 있다. 이러한 상황은 우리에게 대북 억지와 함께 북한 문제를 관리해나가야 하는 과제를 던지고 있다. 따라서 우리나라를 비롯한 국제사회에 던져진 과제는 전략적 결단을 내리지 못하고 딜레마에 빠져 있는 북한, 그 문제를 어떻게 관리해나가야 하느냐 하는 것이다.

비상대책이 필요하다

앞에서 살펴본 바와 같이 북한은 다른 실패한 국가failed state와는 달리 문맹률이 극도로 낮으며, 인프라가 많이 손상되어 있으나 수선으로 복구할 수 있는 부분이 커 다른 어떤 개도국보다 조건이 좋다. 되풀이하지만 인근 중국의 단둥이 북한과 같았던 시기가 불과 20년, 한국이 북한과 경제 수준이 비슷하던 시기가 불과 30여 년 전이었던 점을 감안하면 역사, 문화를 공유하고 있는 북한 지역과 주민들이 조건만 주어진다면, 단둥이나 한국과 같이 급속히 경제발전을 이루는 것은 그리 어려운 문제가 아니다.

이러한 북한의 특성을 모르는 대부분의 외국학자들은 독일 통일의 예만 보고, 서독의 동독 통일 비용에 비교해, 한국의 북한 통일 비용이 훨씬 더 크고 부담스러울 것이라는 비관적 내지 부정적인 이론을 많이 제시하고 있다. 그러나 북한의 고급 인력, 그리고 그런대로 준비된 인프라를 감안하면, 남북통일에는 많은 긍정적인 요소들이 있다. 특히 독일의 통일이 불과 74년(비스마르크의 1871년 통일에서 1945년 분단까지) 동안만 지속되었던 것에 비하면,

신라통일 이후 천 년을 지속해온 한민족의 통일은 정책을 뛰어넘는 감정과 감성의 측면이 강력하게 작용하는 절차가 될 것이라는 점도 통일을 쉽게 하는 플러스 요인이 될 것이다.

한편 통일 과정은 우리가 통제할 수 있는 것이 아니기 때문에, 또 북한이 관리할 수 있는 것이 아니기 때문에 통일은 갑자기, 예측하기 어려운 상황으로 일어난다고 보아야 한다. 여기에 비상대책contingency plan이 필요한 이유가 있다.

비상대책은 대북교류정책, 대북 억지력과 함께 우리가 북한 문제를 다루는 데 필요한 3대 요소이다. 대북 억지력을 소홀히 하면 북한과의 교류정책을 추구하다가 거꾸로 우리의 안보가 위협을 받게 된다. 따라서 대북 억지력 없는 대북교류정책은 유화정책이 되기 쉽다. 대북교류정책을 소홀히 하면 우리는 견실한 대북정책 없이 수동적으로 상황에 이끌려 가게 된다. 군사적 대치상황과 긴장상태를 해소할 중요한 도구를 잃게 된다. 비상대책을 소홀히 하면 우리의 교류정책에도 불구하고 내부 모순의 적체로 일어날 수 있는 북한의 붕괴에 대비할 수 없게 된다. 비상대책 없는 교류정책은 사상누각이 된다.

결국 비상대책은 대북 억지력 및 대북교류정책과 함께 북한 문제를 관리하는 3각 중의 일각을 이룬다. 여기에 북한 문제를 관리하는 어려움이 있다. 3각 중 어느 하나도 소홀히 할 수 없다.

그러므로 우리는 비상대책을 보다 견실하게 하고, 갑자기 일어날 수 있는 북한의 붕괴, 그리고 곧 이어질 통일의 과정에 대한 준비를 탄탄히 해야 한다. 조용히 그러나 착실하게 토론과 의견의 수렴을 거쳐 중대한 문제에 대한 준비를 하고, 관련국들과 협의를 거쳐, 전략적인 방향에 대한, 무엇보다도, 우리의 기본적인 국익에 대한 양해를 넓혀나가야 한다. 한미동맹은 어떻게 관리해 나가야 하는가? 한중 관계는? 한반도의 미군 주둔은?

4

한미동맹

– 미국과 한국은 어떤 선택을 할 것인가?

"주한미군에 대한 놀라운 여론조사 결과도 있었다.
즉 주한미군은 한국의 이익에 반해 미국의 이익만을 추구하기 위해
한국에 주둔하고 있다는 것이다.
이는 1970년대까지 한국에 팽배하던 태도–
즉 주한미군은 미국의 이익에 반해
오로지 한국의 이익만을 위해 주둔하고 있다는–와 대비되고 일맥상통한다.
주한미군은 한국과 미국에 모두 이득이 되기 때문에
한국에 주둔하고 있다는 것을
한국의 국민정서는 왜 받아들이지 않고 있는 것일까?"

통일한국, 중립국은 어울리지 않는다

북한과의 대치상황 속에서 한미동맹의 가치에 대해, 또 한반도에 미군의 주둔을 유지하는 것이 국익에 도움이 된다는 데 대해 대다수의 국민이 동의하고 있다. 막강한 재래식 군비에 더해 핵무장과 미사일을 개발하고 있는 북한에 대한 우리의 억지력 유지 발전에 주한미군은 아주 중요한 역할을 하고 있다. 그래서 북한 문제가 계속되는 한 한미동맹에 대해 이의를 다는 사람은 많지 않을 것으로 볼 수 있다.

북한 문제를 떠나서 지정학적으로 볼 때도 한국은 가능한 한 미국과 동맹관계를 유지하는 것이 국익에 도움이 된다. 그것은 한국이 처한 이론상의 다른 옵션을 살펴보면 현명한 인식인 것으로 판단된다. 한반도 주변에는 중국, 일본, 러시아와 같이 세계적으로 중요한 국가들이 포진해 있다. 이렇게 전략적으로 민감한 위치에 있는 국가는 그렇지 않은 국가에 비해 선택의 폭이 좁아지게 된다. 21세기의 상호의존의 뉴 패러다임 속에서 많은 국가들은 동맹도 맺지 않고, 무장도 하지 않고, 중립을 표방하지 않아도, 국가 안보와 국민 안위에 대해 커다란 고민 없이 살 수 있는 선택권을 부여하고 있다. 그러나 우리는 전략적 중요성으로 인해 현명하고 민감한 선택을 해야 하는 위치에 있다.

북한 문제가 해결되었을 때 한국은 이론적으로 1. 중립, 2. 전략적 독립, 3. 다른 나라와 연계나 동맹을 맺는 선택이 있다.

중립이 우리나라에게 현실적 선택이 아님은 유럽의 벨기에와 스위스의 경우를 살펴보면 알 수 있다. 두 나라 모두 강대국에 싸여 있어 중립을 표방함으로써 국익을 도모하고자 했으나 지정학적 위치가 그 운명을 결정했다. 높은 알프스 산악으로 보호되는 스위스는 주변 패권국가가 정복의 통로로 사용하기 어렵게 되어 중립정책에 성공했지만, 벨기에의 경우는 패권국가가 반드시 통로로 사용해야 하는 위치에 있어, 번번이 주변의 패권국가들에 의해 중립이 유린되었다. 한국은 지정학적 위치로 보아 스위스가 아니라 결정적으로 벨기에와 비슷하다.

오스트리아의 경우 중립을 원한다고 홀로 선언해 이루어진 것이 아니다. 북대서양동맹기구(NATO)가 결성되고 소련이 이에 대해 의구심을 품고 있는 시점을 활용해 1955년 유럽 강대국과의 협상을 통해 이끌어낸 것이다. 즉 당시 이에 반대하는 소련과 협상에 들어갔다. 오스트리아가 독일처럼 분할될 경우 서부 오스트리아가 NATO의 영역 안에 들어가게 된다. 그렇게 되면 북쪽의 독일과 남쪽의 이탈리아에 있는 NATO군軍이 오스트리아를 통해 유럽을 남북으로 관통할 수 있다. 소련에게 이득이 없다. 차라리 오스트리아의 중립을 허용해 소련군이 미·영·프 군과 함께 철수한다. 이를 통해 소련은 NATO군의 유럽 남북 관통을 막을 수 있다. 이렇게 오스트리아는 자국의 중립이 소련의 이익에 부합됨을 설득했다. 이에 소련이 동의, 오스트리아가 중립국이 된 것이다.

전략적 독립은 세계에서 미국, 중국, 러시아, EU, 인도 정도만이 하고 있다고 볼 수 있다. 한국의 경우 그 경제적, 정치적 대가가 감당할 수 없을 만큼 크다. 전략적 독립에 필수적인 핵무장 등을 위해 막대한 예산이 국방비로 전용되어야 한다. 한국의 핵무장은 필연적으로 주변국 특히 일본의 핵무장을 불러일으키고 이는 중국, 러시아 등과 연쇄적인 군비경쟁을 촉발할 수 있다. 한국은 더욱더 위험한 안보환경에서 더욱더 많은 예산을 국방에 투입해야 한다. 한국이 얻는 것이 무엇일까?

그러면 다른 나라와 동맹을 맺는 것이 한국의 국익에 부합한다는 결론이 된다. 어느 나라가 좋을까? 동북아 인근 국가 중 하나와 동맹을 맺는 방안은 역사적, 지정학적으로 볼 때 한국의 국익에 부합하지 않는다. 한국이 일본과 동맹을 맺고 중국, 러시아와 대항해 국익을 추구할 수 있다고 보는 전문가는 없다. 러시아와의 동맹도 가능하다고 보는 사람은 없다. 한국은 역사적으로 한·중 연계를 오래 경험했다. 그러므로 한·중 연계 가능성을 시사하는 의견을 가끔 접하게 된다. 그러나 과거의 한·중 연계는 우리에게 안정을 가져오기는 했지만, 여러 가지 수모, 속박과 함께 선택의 여지가 없이 강요된 것임을 기억할 필요가 있다.

다양성과 선택이 열린 새로운 시대에 이 모든 것을 포기하고 역사 속으로 되돌아가자는 것은 시대착오적이다. 한국은 이제 중국을 포함, 모든 주변 국가와 선린우호 관계를 맺을 수 있다. 이를 포기하고 중국과 동맹을 맺으면 일본과 러시아로부터 극도의 경계심을 촉발하게 된다. 지리적 인근 국가와 동맹 관계를 맺을 경우 종속성이 커지고 국정운영에 간섭을 많이 받게 된다. 황준셴이 조선책략에서 제시한 친중은 대등한 입장에서 중국과 친하라는 뜻이 아니다. '부자유친'과 같이 조선은 속국으로서의 도리를 다하여 중국을 섬겨야 한다는 뜻이었음을 되새길 필요가 있다. 황준셴 자신이 조선 책략에서 친중의 의미를 다음과 같이 분명히 하고 있다. "조선은 중국의 속국이 된 지 이미 천 년이 지났다. 그동안 중국은 조선이 편안히 지내도록 은혜를 베풀어주었을 뿐 한 번도 그 땅과 백성을 탐내는 마음을 가진 적이 없었다. 오늘날 조선은 중국 섬기기를 마땅히 예전보다 더욱 힘써서 천하의 사람들로 하여금 조선과 중국은 한 집안 같음을 알도록 해야 할 것이다." 한중연계는 이웃 중국의 거대한 구심력 때문에 독립과 자존을 중시하는 한국에게 받아들이기 힘든 속박을 동반하게 될 것이다.

결국 멀리 떨어져 있는 미국과의 동맹이 한국의 국익을 최대한 반영한 옵션인 것으로 보인다. 한미동맹은 남북 대치 상황 속에서 우리 안보와 번영을 위해 커다란 긍정적인 역할을 하고 있으며, 통일 이후에도 우리 외교가 최대한의 지평과 행동반경을 확보하기 위하여 가능한 대로 한미동맹을 유지하는 것이 우리의 국익에 부합한다는 결론을 얻을 수 있다.

미국과의 동맹은 한국에 또 한 가지 아주 중요한 이득을 줄 수 있다. 민주주의와 시장경제라는 가치를 공유할 수 있다는 것이다. 동맹은 가치를 공유할 때만 오래갈 수 있다. 한국은 미국과의 동맹으로 이러한 가치를 지키고 확산시킬 수 있다. 한국의 안보와 국익을 위해 그러하다. 동북아의 진정한 평화는 일본에 더해 중국, 나아가 북한이 이러한 가치 영역 속으로 편입될 때 확고해진다.

주한미군은 당초 북한의 재침에 대한 억지deterrence라는 한 가지 역할을 했다. 그러나 반세기가 지난 지금 동북아에서의 안정자stabilizer 역할이 추가되었고, 이것이 본래의 역할보다 더 중요해지고 있다는 시각이 크다. 미국이 안정자라는 것은 미국이 동북아에서 철수disengage할 경우 어떤 일이 일어날까 생각해보면 알 수 있다. 우선 일본은 중국의 핵과 미사일 앞에 발가벗은 상황에서 핵무기를 포함한 강력한 재무장의 길로 들어설 것이다. 그렇게 되면 한국도 군비증강과 핵무장의 길을 가지 않을 수 없고, 북한도 미사일과 핵무기 개발에 힘을 쏟을 것이다. 이 경우 일본 등의 강력한 현대무기에 대응하기 위해 중국은 군비확장에 경제력을 집중하게 되고, 러시아도 일본과 중국의 강화된 군비에 대응하지 않을 수 없다.

미국이 빠지면 동북아는 상호 불신과 의심 속에서 강력한 군비경쟁의 에스컬레이션에 빠지게 된다. 특히 한반도는 독자 방어력을 갖기 힘들게 되어 주변의 어느 한 나라와 연계를 모색할 가능성이 크다. 그 경우 이미 군사력 경쟁으로 혼란스러워진 동북아 국가 간의 군사적, 정치적 균형은 깨진다. 이러한 상황은 어느 나라에도 도움이 되지 않는다. 동북아는 이러한 상황을 방지할 수 있는 안정자가 필요하다. 적어도 다자 안보대화나 협력체가 생기기 전까지는 그러하다. 전략적으로 볼 때 미국을 제외하고는 일 · 중 · 러 어느 나라도 역내에서 유사한 안정자 역할을 할 수 없다. 지역적 인근성으로 인해 안정자가 아니라 패권국가가 되기 때문이다. 수백 년의 동북아 역사가 이를 뒷받침하고 있다.

이처럼 이론적으로 탄탄한 한미동맹에 대하여 한국 내 일각에서는 국민정서에 입각하여 적지 않은 이론을 제기한 적이 있다. 주한미군에 대한 놀라운 여론조사 결과도 있었다. 즉 주한미군은 한국의 이익에 반해 미국의 이익만을 추구하기 위해 한국에 주둔하고 있다는 것이다. 이는 1970년대까지 한국에 팽배하던 태도—즉 주한미군은 미국의 이익에 반해 오로지 한국의 이익만을 위해 주둔하고 있다는—와 대비되고 일맥상통한다. 주한미군은 한국과 미국에 모두 이득이 되기 때문에 한국에 주둔하고 있다는 것을 한국의 국민정서는 왜 받아들이지 않고 있는 것일까?

국가에게 영원한 동맹은 없다. 영원한 국익만 있을 뿐이다. 한미동맹도 마찬가지이다. 2차 세계대전 직후 미국은 일본열도가 방위선으로 충분해 한반도는 그 방위선 밖에 있다는 전략적 지도를 상정하고 있었다. 또 한국동란 직후에도 한국과의 동맹 체결은 미국의 국익 차원에서 당연히 상정하고 있었던 것이 아니다. 21세기에 들어선 이제는 미국의 한반도에 대한 인식이 많이 달라져 있다. 우선 한국 자체가 지정학, 지경학적으로 많은 가치를 지니게 되었다. 한국 파병은 미국 독립 이후 200년이 넘는 동안의 수많은 해외파병 중에서 최대의 성공사례 중 하나로 꼽히고 있다.

세계사적인 의미를 갖는 중국의 역사적인 부상은 미국이 한미동맹의 가치를 더욱 중요시하게 되는 중요한 요소이다. 일본의 계속되는 침체도 미국에게 한미동맹의 가치를 높여주는 요소이다. 또 터널의 끝이 보이지 않는 북한핵 문제와 핵을 넘어선 북한 문제의 심화 내지 확대는 미국으로 하여금 한미동맹을 더욱 중시하도록 만들고 있다. 실제로 주한미군은 이제 주독미군보다 숫자가 많게 되었다. 미국의 동아시아 중시 또는 재균형 정책pivot to Asia or Rebalancing towards Asia은 이러한 미국의 세계 전략에서 차지하는 동아시아의 높은 위치를 보여주는 것이다.

그러나 우리가 원한다고 한미동맹이 유지되는 것은 아니다. 주변 환경은 항상 변하게 마련이다. 변하는 상황 속에서 미국이 한미동맹을 유지할 이익을 볼 수 있어야 한다. 미국에게는 한국과의 동맹이 미국의 아태 지역과 동북아 지역 전략의 일부일 뿐이나, 한국에게는 적어도 북한 문제가 해결될 때까지는 한미동맹이 근본적인 생존의 문제와 직결된다. 비대칭적인 요소가 강하다. 따라서 한국은 자신의 국익을 위해 한미동맹 관계를 더욱 민감하게 관리해나가야 한다.

북한에게 핵은 생존 문제인가?

북한은 지난 60년간 안보문제는 한국이 아니라 미국과 협의하겠다는 입장을 고수하고 있다. 핵 문제도 마찬가지이다. 따라서 우리도 적극 관여하고 우리의 입장을 반영했지만, 북핵 협상은 사실상 미국과 북한 간에 이루어진 측면이 많다. 그렇다면 미국이 북핵, 나아가 북한에 대해 어떠한 인식을 가지고 있는가 하는 문제를 잘 파악하는 것이 우리에게 중요해진다.

미국이 볼 때 북한은 이미 스스로를 외부의 군사공격으

로부터 방어할 수 있는 충분한 억지력을 가지고 있다고 본다. 막강한 재래식 군비, 특히 서울을 겨냥하고 있는 수많은 장사정포, 중 · 단거리 미사일 등으로 한국과 일본에 막대한 피해를 입힐 수 있으므로, 핵 없이도 이미 충분한 억지력을 보유하고 있다고 보는 것이다.

북한 협상가들은 북한이 핵 개발 계획을 추진하는 이유로, 이라크의 사담 후세인 그리고 리비아의 가다피의 괴멸을 종종 거론하고 있다. 이들이 핵무기만 가지고 있었어도, 서방이 이라크와 리비아를 침공하지 못했을 것이라는 것이 그들의 주장이다. 그러나 미국의 전문가들은 상기한 바와 같이 북한은 이미 막강한 재래식 무력과, 1,000만이 거주하는 서울이 그들의 수많은 장사정포의 사정거리에 있다는 이유만으로도 이라크와 리비아가 갖지 못했던 충분한 억지력을 갖고 있다고 보는 것이다. 우리나라나 미국은 물론, 어떤 서방 국가도 북한을 침공해서 얻을 수 있는 이득보다는 따라올 수 있는 손실이 몇 배나 크다는 것을 잘 알고 있다.

북한의 억지력이 핵무기 없이도 충분하다는 이러한 우리의 객관적인 상황인식은 한때 (과거 20년간) 북한의 핵무기 개발 계획을 협상에 의해 해결할 수 있다는 이론적 배경을 제공했다. 즉 협상 결과에 따라서는 북한이 전략적 결단을 내려 핵 개발 계획을 포기하고 새로운 생존 방식을 모색할 수 있다는 가능성을 추구했던 것이다.

우리와 미국, 국제사회는 지난 20년간 북한의 핵무기를 협상에 의해 해결할 수 있다고 여기고 노력해왔다. 1994년 제네바 합의, 2005년 9월 합의(6자 회담), 그리고 6자회담 복귀를 위한 제한적인 2012년 2월 29일 합의가 그것이다. 세 번에 걸친 협상은 모두 성공하지 못했고, 그동안 북한은 핵 능력을 계속 키워왔다.

북한이 과거 20년간 북핵과 관련한 협상에 어떤 전략으로 임했는지는 분명치 않다. 시작부터 협상 결과를 준수할 의사가 없이 경제 원조만 받아 실속을 차리고 다시 다음 단계의 핵, 미사일 실험을 한 단계 업그레이드할 수 있는 환경을 조성하기 위한 위계였는지, 아니면 진지하게 협상에 임했으나, 협상 결과 이행이 지지부진해지고 계획대로 진행되지 않자 마음을 바꾸었는지, 또는 양쪽 가능성을 보고 상황에 따라 양다리를 걸치자는 전략hedging을 처음부터 가지고 있었는지 분명치 않다.

그러나 20년의 시행착오를 거친 지금, 한 가지 분명해진 사실이 있다. 그것은 북한 정권이 핵무기 개발을 그 생존 수단으로 간주하고 있다는 것이다. 다시 말하면, 북한 정권에게 북핵은 협상용이 아닌 정권의 생존 수단인 것이다. 북한 정권이 왜 스스로 보유한 막강한 재래식 군비와 군사력이 충분한 억지력이 되지 못한다고 판단했는지는 알 수 없다. 냉철한 계산에 의하면 북한이 갖고 있는 대외 억지력에 대해 분명히 추가적인, 그리고 여분의 요소로밖에 작용하지 못하는 핵무기 개발 계획에 왜 그토록 집착하는지 알 수 없다.

몇몇 전문가가 지적했듯이 북한의 핵무기는 객관적인 군사적인 목적보다는 그들만의 독특한 정치적, 심리적 목적을 충족하는 것인지도 모른다. 즉 남한과의 경쟁에서 40대 1의 열세를 보이는 경제력을 포함해 정치 · 경제 · 사회 · 문화 모든 것이 뒤떨어져, 체제 경쟁의 패배를 인정하지 않을 수 없게 된 북한 정권으로서는, 그 존재 이유를 정당화하기 위해, 남한에 대해 우위를 강변할 수 있는 유일한 수단인 핵무기 개발을 결코 포기할 수 없을 것이라는 추론이 있다.

어쨌든, 북한은 핵무기 개발 계획을 협상용으로 쓰지 않으리라는 것이 점점 분명해진 상황이다. 이 경우 협상에 의한 북핵 해결은 아주 어려워진다. 북한이 협상에 의해 핵무기 개발 계획을 포기하겠다는 전략적 결단을 보이지 않는 한 한국과 미국은 지금까지와 같은 핵 협상은 하지 않겠다는 입장을 취하고 있다. 이러한 상황이 계속되는 한 북한 문제의 해결 없이는 북핵 문제만 따로 떼어내서 생각할 수 없다는 것을 의미한다. 되풀이하지만, 북핵은 북한 정권의 생존, 즉 북한 문제와 함께 생각해야 할 문제가 되어버린 것이다.

6자 회담이 북핵 문제와 북한 문제를 함께 협의하는 좋은 틀인 것처럼 보인다. 그러나 6자 회담은 전략적으로 현 상황에서의 한반도 평화 정착을 대전제로 하고 있다. 북한이 북핵을 포기하지 않고 정권의 생존을 위해 계속 개발하는 정책을 유지하고, 한반도 현상타파를 위해 한미동맹의 파기와 주한미군 철수를 6자 회담에 임하는 그들의 목표로 견지하고 있는 한, 6자회담을 열어야 할 아무런 실익이 없다. 북핵 협상과 마찬가지로 북한은 6자 회담의 개최와 성공을 위해 전략적 결단을 해야 한다. 그리고 그것을 외부세계에 보여주어야 한다.

이러한 전략에는 한 가지 문제가 있다. 우리가 북한의 전략적 결단을 촉구하고 기다리는 동안, 북한이 계속 핵 능력을 증강시키고 있을 개연성이 크다는 것이다. 북한 전문가들은 북한이 핵 물질을 테러리스트 등 외부세력에 매각할 경우 미국의 직접적인 행동을 촉발하는 금지선red line이 될 것으로 보고 있다. 또 일부에서는 대륙 간 탄도 미사일에 핵무기를 탑재하기 위한 소형화 기술miniaturization의 실용화도 금지선에 포함하는 의견도 있다. 아직까지는 북한이 핵 물질을 외부에 매각하려는 징후는 발견된 것이 없다. 또 핵탄두 소형화 기술을 북한이 실용화하려면 적어도 5년 이상의 시간이 필요할 것으로 추산되고 있다.

따라서 미국은 당분간 북한의 핵 포기라는 전략적 결정을 촉구하면서, 중국으로 하여금 북한 핵 문제에 보다 심각하게 개입할 것을 종용하는 정책을 구사할 것으로 보인다. 만약 북한이 스스로의 합리적 결정이나, 중국의 압력의 결과로 금지선을 넘지 않는다면, 미국은 북한의 핵 포기라는 원칙적 입장을 견지하면서, 문제의 해결을 점점 중국의 책임 내지 짐으로 만들어나갈 가능성이 크다고 볼 수 있다.

북핵, 모든 옵션이 열려 있다!

북핵 문제는 이론적으로는 세 가지 방향으로 갈 수 있다고 평론가들은 보고 있다. 북한의 핵무장을 용인하는 방안, 북한의 핵 시설을 공격으로 제거하는 방안, 협상으로 북핵 문제 해결에 접근하는 방안이 그것이다.

북한의 핵무장을 용인하는 것은 중 · 장기적으로 한국, 일본, 대만에서 핵 도미노를 유발하게 되고, 동북아의 안보를 크게 위태롭게 할 뿐 아니라, 세계적인 핵확산금지조약(NPT)을 휴지 조각으로 만들 것이기 때문에 결코 용인할 수 없다. 지금 세계의 핵무장은 5+3+2+3의 구도를 보이고 있다. 핵무장을 허용받은 안보리 상임이사국 5

개국, 핵확산금지조약 체제 밖에서 이미 핵무장을 한 인도, 파키스탄, 이스라엘, 또 비밀 핵 프로그램을 가지고 있거나 가지고 있을 것으로 의심받는 북한과 이란, 그리고 핵무장을 손쉽게 할 수 있는 기술과 경제력을 모두 갖추고 있는 일본, 한국, 대만이 그 구도이다.

물론 감성적으로는 왜 남의 나라는 핵무장을 하는데 우리는 하면 안 되는가 하는 반응이 있을 수 있다. 법적으로 보아 NPT 체제는 완전하지도 않고, 기본적으로 불공평하다. 그러나 핵무기가 퍼져서는 안 되는 이유는 간단하다. "모든 나라가 자유롭게 핵을 갖게 되는 세상이 더 살기 좋을 것 같은가?"라는 간단한 질문에 그 해답이 포함되어 있다. 특히 9 · 11 이후 국제테러의 위험이 급증하고 있는 상황을 상정하면 더욱 그렇다. 핵 물질이나 핵무기의 확산을 방지하는 것이 더욱 긴요해진 것이다. 따라서 북한의 핵무장은 결코 용인될 수 없다는 강한 국제적 유대가 형성되어 있다.

그렇기 때문에 북한이 핵무장을 계속 강행한다면 최후의 수단으로 북한의 핵 시설을 공격할 수밖에 없다는 주장이 있다. 그러나 이 주장의 문제점은 핵 시설에 대한 무력 사용이 소위 '외과적 공격surgical strike'으로 끝나지 않고 북한의 한국, 일본에 대한 보복 공격으로 이어질 수 있다는 것이다. 그렇게 되면 한반도에서 제2의 한국전이 발발할 개연성이 크다. 물론 이 경우 북한은 소멸되고 한반도의 통일은 성취될 테지만, 막대한 인명 피해와 함께 한국의 번영은 크게 파괴될 것이기 때문에, 치러야 할 대가가 너무 커지게 된다. 전쟁을 찬성하는 사람은 아무도 없다. 문제는 전쟁 없이 외교적으로 문제를 해결하는 데 있어서 어떠한 자세가 효과적이냐 하는 것이다.

역사적으로 국가 간의 평화는 상대국이 베푸는 선의의 산물이 아니라 힘의 균형, 즉 억지력deterrence의 산물이라는 것이 입증되었다. 따라서 한쪽에서 평화를 너무 갈망한 나머지 오직 선의만으로 상대방을 대한다면 힘의 균형은 깨어지고 결국에는 평화 그 자체도 지키지 못하게 된다. 전쟁의 공포에 억눌려 평화를 지키기 위한 희생을 감수할 용기를 발휘하지 못한다면 결국 그 평화는 지키지 못하게 된다. 반면 평화를 위해 전쟁을 불사한다는 단호한 결의와 함께 억지력을 유지할 때 전쟁 없이도 평화를 지킬 수 있다.

현실적으로 문제의 관건은 외과적 공격을 실제로 할 것인가 하는 것보다, 이러한 옵션을 외교의 수단으로 활용할 것인가 하는 데 있다. 즉 북핵 문제를 해결하기 위해 "모든 가능성을 열어놓겠다"고 북한에게 메시지를 보내는 것과, 처음부터 북한에게 "어떤 경우에도 외과적 공격은 하지 않겠다"고 하는 것, 어느 것이 북핵 문제의 평화적 해결에 도움이 되느냐 하는 것이다.

그 판단은 북한의 심리 상태, 전략에 대한 평가에 달려 있다고 볼 수 있다. 즉 북한 지도부가 붕괴 직전의 극도로 불안한 심리를 보이고 있어서, 조그만 자극에도 판단을 흐리고 비이성적인 일을 결행할 수 있다고 보면, 어떤 경우에도 외과적 공격은 하지 않겠다고 하는 것이 문제를 걷잡을 수 없는 사태로 몰아가는 것을 피할 수 있다는 견해가 있다. 이와는 반대로 북한이 계산을 하고 국제사회의 반응을 지켜보고 있다면, 북한으로 하여금 금지선을 넘지 않도록 분명한 신호를 보내기 위해서도 "모든 가능성을 열어놓겠다"고 하는 것이 문제 해결에 도움이 된다고 보는 견해도 완강하다.

후자를 주장하는 평론가들은 두 가지 예를 들고 있다. 첫째의 경우가 1991년 걸프전의 예이다. 전문가들은 당시 미국이 이라크에게 신호를 잘못 보낸 것으로 판단하고 있다. 즉 사담 후세인에게 주변 국가를 침공하면 반드시 미국의 군사적 보복이 있을 것이라는 분명한 메시지를 보낼 기회가 있었는데 이를 놓쳤다는 것이다. 후세인이 당시 주이라크 미국 대사를 통해 주변국(쿠웨이트)을 침공해도 별일이 없을 것이라는 잘못된 메시지를 받았다고 전문가들은 보고 있다.

또 하나의 예로 1950년 한국동란 때를 들고 있다. 미국은 애치슨 선언 등을 통해 수차 한반도가 미국의 태평양 방위권 밖에 있다고 공개 선언했다. 이것이 당시 소련에게 북한을 부추겨 남침을 해도 미국은 별 반응을 보이지 않을 것이라고 오판하게 했다는 것이다. 물론 미국은 2차 세계대전 이후의 전쟁은 1, 2차 세계대전처럼 전면전total war이 될 것이라고 보았기 때문에, 소련이 미국과 전면전을 각오하지 않고서는 북한을 부추겨 또는 북한의 주장을 받아들여, 남침을 감행하리라고는 생각하지 않았다는 설명이 있다. 그러나 소련이 한반도에서 미국과 전면전이 아닌 국지전이 가능하다고 보았을 경우, 실제로 그렇게 된 것처럼 애치슨 선언 등에 의해 오도되었을 개연성은 충분히 있다고 보는 것이다.

북한에게 금지선을 넘지 말도록 엄중 경고를 하는 의미에서 모든 옵션이 가능하다고 분명히 알리는 것과, 북한에게 어떤 경우에도 북핵 시설에 대한 공격은 하지 않겠다고 확인해주는 것, 어느 쪽이 북핵 문제의 평화적 해결에 도움이 될까? 어느 것이 북핵을 협상으로 해결하는 데 도움이 될지 깊이 생각해볼 문제이다. 어떻게 하는 것이 북한으로 하여금 협상을 택하도록 하게 할까?

북한 내부에 협상파와 핵무장파가 있다고 가정해볼 경우 선택은 명백하다. 북한 내부를 들여다볼 수 있다면, 북한이 '어떤 경우에도 전쟁이나 북핵 시설에 대한 공격이 없다'고 확신할 경우 핵무장파가 힘을 얻게 된다. 아무런 위험이 없으므로 핵무장을 해 카드를 크게 키우자는 핵무장파의 논리에 북한 내의 협상파는 대답할 수 없게 된다. 반면 '모든 옵션이 가능하다', 즉 핵무장으로 들어설 경우 북한의 생존에 위협이 될 외과적 공격을 초래하게 된다는 인식이 퍼지면 북한 내 협상파가 힘을 얻게 된다. 이러한 협상파와 핵무장파는 꼭 파벌로서가 아니라 한 사람의 머릿속, 내부에 있을 수도 있다. 북한 내 협상파에게 무게를 실어줄 수 있다면 그렇게 하는 것이 좋다.

북한이 얻을 것과 잃을 것

북한은 당초 1980년대 말~1990년대 초 공산권 궤멸이라는 위기를 맞아 러시아, 중국의 지원과 동맹을 대체할 수단으로 핵무기 개발 계획에 착수했다. 이는 1970년대 후반 미국이 주한미군 철수를 계획했을 때, 한국이 핵무기 개발을 시도했던 것과 그 맥락이 다르지 않다.

1970년대 후반 한국의 핵무기 개발 계획이 어떻게 해소되었는가 하는 것과 작금의 북핵 문제의 난맥상을 비교하면 북핵 문제의 본질이 명확해진다. 한국의 핵무기 개발 계획은 비교적 손쉽게 풀렸다. 한국이 핵무장을 하면,

북한에 핵무장 유혹과 정당성을 주게 되고, 이는 일본의 핵무장으로 이어질 개연성이 크며, 대만의 핵무장을 유발하게 된다. 그렇게 되면, 동북아의 안보와 평화가 크게 흔들리고, 비약적인 발전을 거듭하고 있는 우리 경제에 결정적 타격을 주게 된다.

또 세계적인 핵확산금지조약(NPT)은 사실상 유명무실해지는 결과를 초래한다. 한미동맹의 틀 내에서 우리의 핵무장에 대한 미국의 강력한 반대가 작용했지만, 압력을 넘어, 이러한 설득력 있는 논리가 받아들여진 것이다. 결국 한국은 얻을 것(핵무장)과 잃을 것(눈부시게 발전하고 있는 경제에 올 타격, 궁극적으로 더욱 취약해질 수 있는 안보, 그리고 국제사회의 관심사에 대한 무책임한 행동이 유발할 국제적 고립)을 계산해 핵무기 개발 계획을 폐기했다. 이러한 논리와 환경은 통일 후에도 우리에게 그대로 적용된다. 따라서 우리나라는 통일 후에도 핵무기를 갖지 않는 것이 국익에 부합한다는 결론에 도달하게 된다.

그렇다면 똑같은 논리가 왜 북한에게는 적용되지 않는가? 그것은 북한이 잃을 것이 없기 때문이다. 북한은 위협받을 평화도, 타격을 입을 경제도, 우려할 국제적 고립도 없다. 그러므로 평양은 생존을 위해 위험부담은 있지만 도박을 하고 있는 것이다. 핵무기와 미사일 개발로 인해 잃을 것(국제 평화와 안보를 위협하는 무책임한 행동이라고 국제사회의 비난과 압력을 받고, 일부 원조가 끊기게 될 것)은 적고, 얻을 것(협상 또는 핵무장)이 더 많다고 보고 있을 것이다.

결론적으로 북한이 핵무기를 포기하고 중국과 같은 경제발전을 통해 생존을 모색하겠다는 전략적 결단을 내리지 않는 한, 북핵 문제를 협상에 의해 해결하겠다고 하는 구상은 비현실적인 것이 되어버린다. 그렇다면 북핵 문제는 북한이 처한 상황에 대한 깊은 이해를 가지고 접근해야 한다는 결론에 도달하게 된다.

미 · 중 · 일 · 러에게 통일을 설득하는 방법

통일 문제는 우리 고유의 문제로 다른 나라가 간섭할 문제가 아니라는 굳건한 원칙과 자신감을 가져야 한다. 불과 한 세기 전에 우리나라에 대한 지배권을 두고 벌어진 청일전쟁, 러일전쟁, 미일 간의 가쓰라-태프트 밀약을 경험한 우리로서는 외부세력이 우리의 통일 문제에 간섭하거나 또는 북한을 선점하려고 하는 것이 아니냐는 의구심을 갖는 것은 어쩌면 당연한 일인지 모른다. 그러나 이제는 세상이 바뀌었음을 받아들여야 한다. 군사력을 앞세운 야만적인 약육강식의 시대는 지나갔고, 좀 더 세련된 방식으로 경제력과 문화, 무역을 통해 국가 간에 경쟁하는 세상이 된 것이다.

우리 사회 내에는 일본이 통일 한국을 두려워해 한반도의 통일을 원하지 않는다, 중국이 미국과 동맹을 맺고 있는 나라가 한반도를 통일하는 것을 결코 허용하지 않을 것이다, 심지어 미국도 분리통치divide and rule의 원칙에 따라 내심 한반도의 통일을 원하지 않는다, 등등 많은 주장들이 난무하고 있다.

그러나 19세기 말 한반도를 놓고 열강이 각축을 벌인 것은 전쟁의 올드 패러다임 하에서 일어난 일이다. 현재의 러시아는 소련과도 다르고 제정 러시아와도 다르다. 한반도를 병탄하거나 자국의 세력권 하에 편입시킬 아무런 모멘텀도 정책도 인센티브도 가지고 있지 않다. 21세기 무역의 뉴 패러다임 하에서는 북한처럼 스스로를 돌보지 못하는 나라는 병탄의 대상이 아니라 국제사회의 부담이 될 뿐이다. 북한 정권이 소멸할 경우 막대한 부담이 될 북한 주민의 민생을 기꺼이 책임지고자 하는 나라는 우리 외에는 없다는 것을 깊이 인식해야 한다.

미국이나 일본이 복잡한 계산에 의해 한반도의 통일을 내심 원하지 않는다는 논리는 믿을 수 없는 일이지만, 설사 그들의 생각 속 어느 한 구석에 정제되지 않는 그런 면이 있다고 해도, 우리에게는 문제가 되어서도 안 되고, 될 수도 없다. 우리의 민족 통일이라는 강렬한 염원이나 열망 앞에 그러한 미온적 생각은 설 자리가 없을 뿐 아니라, 현실적으로도 그들이 섣불리 우리의 통일을 방해했다가, 수백 년 이상 두고두고 우리의 원한을 사는 우매한 행동을 하지 못할 것이기 때문이다.

이러한 원칙과 결의는 우리와 국경을 맞대고 있는 중국에도 그대로 적용되어야 한다. 우리는 중국이 우리의 통일 문제에 간섭해서는 안 된다는 확고한 입장을 견지해야 한다. 다만 현실적으로 통일과 연관된 중국의 기본적인 국익에 대한 배려는 필요하다. 즉 통일 한국이 중국의 기본적인 국익에 반하는 정책을 취하지 않으리라는 것을 중국 측이 안심할 수 있도록 해주는 것이다. 그렇게 하는 것이 중국으로 하여금 우리의 통일과정에 보다 협조적으로 나오게 하는 좋은 길이다.

예를 들면 수천 년 내려온 중국의 안보관을 염두에 두고, 통일 한국에 있어서 한중 국경 지대에 미군 등 외국 군대가 주둔하지 않을 것이라는 것을 알리고 안심시키는 것이 필요하고 유용할지 모른다. 이는 서독이 독일을 통일하면서 소련에게 했던 보장을 거의 그대로 한반도에 적용하는 방식이다. 즉 동독이 사라질 경우 서방 나토군이 동독 지역까지 주둔 지역을 넓힐지 모른다는 소련의 우려를 불식하기 위해, 서독은 통일 이후에도 구 동독 지역에는 외국 군대나 경찰이 주둔하지 않을 것임을 보장해주는 방식으로 문제를 풀었던 것이다.

문제는 한반도 통일, 한미동맹, 통일 후 한중 관계 등을 당사국들과 협의할 때의 민감성에 있다. 특히 중국은 북한의 입장을 고려하고 일정한 배려를 해주지 않을 수 없다는 생각에서 한반도 통일 문제를 우리와 공개적으로 협의하는 것을 꺼릴 것으로 보인다. 북한에 일어날지도 모르는 우발 상황에 대한 비상대책contingency plan을 협의하려는 한국과 미국의 접근을 중국이 회피하는 것도 같은 맥락에서 읽을 수 있다.

그러나 우리나 미국은 조용히, 그리고 중국의 민감성에 대해 충분한 배려를 해가면서, 중국 측과 비상대책이나 통일문제에 대한 협의를 시작해야 한다. 결국 중국 측에도 시간이 갈수록 북한은 자국에게 이득asset이 아니며 부담liability이 될 것이므로, 중국의 국익을 위해서도 우리나 미국과 이러한 협의를 하는 것이 좋다는 필요성을 느끼게 될 것이다. 시간이 갈수록 무역 패러다임에 확고히 뿌리를 내리게 될 중국은 시간이 갈수록 자신의 미래를 북한이 아니라 미국이나 한국과 함께 도모하지 않을 수 없음을 인식하게 될 것이다.

5

한중협력
– 한중 관계의 변화하는 맥락들

"중국이 북한에 매년 보내는 대량의 원조는 반대급부를 상실했다.
북한이 중국에게 줄 것이 없어졌기 때문이다.
그렇다고 북중 관계가 이러한 상황 변화에 신속히 적응해서 지금까지 해온 관행을 하루아침에 바꾸는 그런 일이 일어나리라고 기대하는 것은 너무 성급한 희망이다."

부상하는 동북아, 그리고 한반도

동북아 지역은 북미 · 유럽과 함께, 그간 세계 경제의 3대 중심지 중의 하나로 성장했다. 2차 세계대전 직후 동북아는 세계 경제의 약 10분의 1을 생산했으나 이제 북미, 유럽과 함께 세계 경제의 4분의 1씩 생산하는 중요한 지역이 된 것이다. 이러한 경제적 활력과 함께 특히 인구 구조를 살펴볼 때 동북아는 주목을 받고 있다. 북미와 유럽의 인구가 각각 약 4억 명인 반면, 동북아는 약 15억~16억 명의 인구를 자랑한다. 북미와 유럽을 합한 것보다 두 배나 많은데다가, 이들은 높은 교육열, 근면성, 동기부여 면에서 탁월하다. 이러한 동북아의 활력에 근거해 앞으로 동북아로 세계 경제의 중심이 옮겨올 것이라는 예견도 있다.

동아시아의 문화를 그 경제발전의 원동력이 된 몇 가지

사회 · 문화적 요인을 통해 이해하려는 시도가 있다. 동아시아인들의 근면성, 높은 저축률, 노사협조관계 등을 '유교적 노동윤리'라 통칭해 거기에서 경제발전의 이유를 찾아보려고도 하고, 높은 교육열과 낮은 문맹률에서 그 원인을 찾기도 한다. 한 걸음 더 나아가 "동아시아에는 마약 문제가 없고 범죄율이 낮으며, 법적 제도나 사회보장제도가 서양의 것보다 비용이 적게 든다는 측면에서 동양사회가 서양사회보다 효율적인 정부를 가지고 있다"는 주장도 제기됐다.

세계는 아직까지 대서양시대의 관성으로 인해 중국을 중심으로 하는 동아시아의 문화적 저력에 눈을 뜨지 못하고 있다. 서양은 애써서 동아시아와 중국의 부상이 경제력에 국한된 것이며, 앞으로 군사적인 면으로 이전될 것인지에만 관심을 집중하고 있다. 서양은 동양이 민주주의, 인권, 선정, 법의 지배 등에서는 서양보다 많이 뒤처져 있다는 생각을 당연시하고 있다. 동양의 유교나 도교에 예시된 깊은 정치사상이나 문화, 윤리적 가치에 대해는 아직 아무런 인식이 없다. 짐작도 하지 못하고 있는 것이다. 이 점은 동양 자체 내에서도 마찬가지이다.

그러나 경제 부흥의 배경에는 반드시 전통과 문화적인 힘이 자리하고 있는 법이다. 동아시아의 부상의 배경에는 서양이 갖지 못한, 동아시아 고유의 뿌리 깊은 교육에 대한 열정, 성과주의, 근검절약의 정신, 보편적 윤리관, 그리고 인간과 자연의 조화라는 소중한 역사 · 문화적 유산이 있다. 바로 이러한 힘이 21세기를 태평양시대, 동아시아의 시대로 만들어가는 원동력이 될 것이다. 이러한 문화적 힘에 대해 서양은 물론 동양조차 별다른 관심을 보이지 않고 있다. 그것은 과거 5세기 동안 대서양시대에 서양이 세계를 완전히 정복하고 지배한 데 기인한다.

그러나 서양이 지배한 전쟁 패러다임, 약육강식의 대서양시대는 이제 끝났다. 21세기 태평양시대에는 동 · 서양이 대등한 관계에서 역동적으로, 그리고 상호보완적으로 활약하는 시대가 될 것이다. 그때 동아시아의 전통과 문화 가치가 점차 알려지게 될 것이며, 저력을 발휘하게 될 것이다.

이렇게 볼 때 동북아는 그간 세계의 변방에 있다가, 21세기에 세계의 중심에 설 수 있는 역사적인 기회를 맞이하고 있다고 볼 수 있다. 이러한 동북아의 한가운데에 바로 한반도가 있으므로, 우리 한민족도 수천 년 역사상 최대의 호기를 만나게 된 것이다. 경제적으로뿐만 아니라, 국제 정치적으로도 한반도는 아주 좋은 역사적 기회를 맞고 있다. 과거 수천 년간 국가 간의 관계가 독립과 예속의 올드 패러다임 하에서 움직일 때는 한반도가 대륙세력과 해양세력의 각축장이 되었고, 침략의 통로로 활용되어 우리 민족은 수많은 희생을 치를 수밖에 없었다. 그러나 이제 상호의존의 뉴 패러다임 하에 국가 간의 관계가 관리되는 21세기 세계화시대에는, 한반도는 침략의 통로가 아니라 해양과 대륙 간의 인적 물적 교류를 연결하는 교량 역할을 할 수 있고, 나아가 범세계적 문제에 기여할 수 있는 능력도 갖추게 될 것으로 기대된다.

동아시아 영토 분쟁은 어떻게 될 것인가?

21세기 태평양시대에 동아시아가 부상하면서, 두 가지 문제가 국제사회의 관심을 끌고 있다. 하나는 민족주의이고 다른 하나는 역내 영토 분쟁의 문제이다. 한 · 중 · 일 세 나라에서 세력을 얻고 있는 것으로 보이는 민족주의는 때로 동북아 지역의 안정과 평화에 부정적인 영향을 끼치면서, 상호 간의 관계에 긴장을 초래할 때가 있다.

그러나 동아시아의 민족주의의 발현은 19세기와 20세기 유럽에서 강력한 힘을 발휘한 유럽제국의 민족주의와 구분되는 점이 있다. 유럽의 민족주의는 우리가 살펴본 전쟁 패러다임이 극에 달한 역사적 시점에 동시에 일어난 일이다. 따라서 불행한 일이지만 자연스럽게 군비확장과 전쟁으로 직접 연결된 경험을 하게 되었다. 반면, 21세기

초에 일고 있는 동북아의 민족주의는 무역 패러다임 하에서 일어나고 있음을 인지해야 한다. 각국이 모두 자국의 민족주의를 부추기기보다는 적절히 통제하고 관리하는 것이 자국의 이익에 부합한다는 것을 무척이나 잘 알고 있다.

동아시아 국가들 간에 급격히 증가하는 경제적 상호의존, 인적 교류 등은 이러한 민족주의 경향에 제약을 가하는 중요한 요소가 되고 있다. 동아시아, 특히 한·중·일에서 보이는 민족주의는 거의 모두 어떤 이슈, 예를 들면 과거사·역사와 관련된 문제에 뒤따라 나타나는 경향을 보이고 있다. 따라서 그 이슈가 힘을 잃거나, 수습되면 따라서 사그라지는 경향을 보이는 것이다. 그런 점에서 이 지역 국가들의 민족주의는 적극적으로 한 나라의 정책 방향을 좌우하고 이끌어나가는 것이 아니라, 수동적으로 그때의 문제의 성질에 따라 그 발현이나 표현의 크기, 지속되는 기간이 정해지는 제한적인 역할을 할 뿐이다. 다만 일본의 경우 그 민족주의가 일본의 우경화와 직결되어 주변 국가의 관심을 불러일으키고 있다. 이 문제는 아래 한일관계를 다룰 때 별도로 살펴보기로 하자.

동아시아의 민족주의와 밀접하게 연결되어 있는 문제로 영토문제가 있다. 동아시아의 영토 분쟁으로는 한일 간의 독도 문제, 중일 간의 댜오위다오/센카쿠 열도 분쟁,

일러 간의 남부쿠릴 열도/북방영토 분쟁, 그리고 중국, 베트남, 필리핀 등을 둘러싼 남중국해 군도 분쟁이 있다. 이러한 영토 분쟁은 관련국들 간의 관계를 크게 긴장시키고, 국제적으로 위기의식을 불러일으키기도 한다. 그러나 동아시아의 영토 분쟁의 성격 역시 다른 지역, 특히 근대 유럽을 오랫동안 괴롭힌 유럽국가 간의 영토 분쟁과는 성격이 아주 다르다는 것을 인식할 필요가 있다.

유럽국가 간에는 영토문제 또는 이와 관련된 왕위계승 문제가 직접 전쟁을 촉발하고, 때로 전쟁준비가 잘된 나라가 이를 전쟁을 촉발하기 위한 계기로 삼은 경우도 있다. 그러나 21세기 태평양시대를 맞은 동아시아에서 영토 문제 때문에 전쟁을 치르고자 하는 나라는 없다. 물론 영토문제를 둘러싸고 우발적으로 무력 충돌이 일어날 수 있다. 동아시아 국가들 사이에서는 상품과 인적 자원의 교류가 크게 늘어나고 그 결과로 상호의존적인 관계가 긴밀해지기 때문에, 이러한 커다란 국익을 포기하고 영토 문제로 양국 간 긴장을 키우거나, 지속시킬 실익이 없다. 따라서 동아시아에서의 영토 문제는 무력이 아니라 협상과 외교력에 의해 관리될 것이며, 설사 우발적인 충돌이 발생한다고 해도, 국지적인 성격에서 벗어나지 못하도록 관리될 가능성이 크다고 볼 수 있다. 동아시아의 영토 분쟁과 관련해 미국이 주권 문제에 관한 중립적인 입장을 분명히 표명, 견지하고 있고, 대화와 외교로 문제를 관리하도록 주문하고 있는 것도 크게 도움이 되고 있다.

동아시아의 민족주의와 영토 분쟁과 관련해 무력이 아니라 대화와 교섭이라는 평화적인 방법으로 관리될 것이라고 내다보는 데는 동아시아의 역사와 전통이 뒷받침되어 있다. 즉 역사적으로 대립과 마찰과 전쟁으로 점철된 서양의 역사보다는 중국을 중심으로 한 동양적 질서가 역사적으로 주변국과의 관계에 있어서 훨씬 조화롭고 평화스러웠던 것이다.

중국의 지도자 덩샤오핑이 댜오위다오/센카쿠 문제와 관련해 남긴 명언을 되새길 필요가 있다. 그는 당시 중국을 방문 중인 일본 대표단에게, 이 문제를 우리 세대에서 해결하기에는 지혜가 부족하니, 다음 세대의 지혜에 기대를 걸어보자는 입장을 취했다. 덩샤오핑은 영토 문제 등 소위 한 국가의 주권에 관한 문제는 전쟁을 통해서가 아니고는 해결하기 어렵고, 어느 정부나 지도자도 아무리 조그마한 양보라도 할 수 있는 입장에 있지 못하다는 것을 알고, 이러한 상황 아래에서 문제를 부각시켜서는 어느 나라에도 이득이 될 것이 없다는 문제의 핵심을 꿰뚫어 보았던 것이다. 그리고 중일 간에 교역, 문화적, 인적 교류등 긍정적인 측면에 집중하고 아무 실익이 없는 이 사안을 문제화하는 언행을 삼가하자는 제안을 '다음 세대의 지혜에 맞겨보자'는 유려한 외교적 수사로 표현한 것이다. 후세의 지도자들이 본받아야 할 현명한 자세이다.

미국과 중국은 충돌하지 않는다

21세기 태평양 시대에는 미국과 중국 두 나라가 다른 어떤 나라보다 중요한 역할을 하게 될 것이다. 그만큼 두 나라가 상대방을 어떻게 보고, 어떤 관계를 상정하고 있는지가 중요해진다. 미국 내에는 현재 두 가지 기류가 있다고 보인다.

A그룹은 빠른 속도로 부상하고 있는 중국이 결국은 미국의 세계 유일 초강대국의 위치에 도전하게 되면서, 두 나라 사이에는 갈등이 불가피해지고 결국 충돌의 길로 들어설 가능성이 크다고 보는 것이다. 실제로 부시 행정부가 취한 일본 중시정책, 미국-인도 관계 강화 정책 등은 이러한 가능성에 대한 전략적 대비책으로 해석되기도 한다.

반면 B그룹은 21세기 태평양시대는 과거 500년간의 대서양시대와는 달리, 군사력을 앞세운 약육강식의 시대는 이제 끝나고, 상호의존적인 무역 관계가 날로 깊어지기 때문에 두 개의 강대국이 세계지배를 목표로 충돌하기보다는 경쟁과 협력이 복합된 새로운 강대국 관계가 설정될 것이라고 보고 있다. 특히 인류에게 21세기 최대의 문제로 부상하고 있는 지구온난화, 자원 고갈, 국제테러, 후진국 인구 급증, 전염병 등 초국가적 문제는 국가 간의 협력을 요구하고 있다.

미국 내 정치권이나 일부 보수층에는 A그룹의 목소리가 상당한 영향력을 발휘하고 있다. 이들은 중국이 결국 미국과 패권을 다투게 될 것이므로 미국은 항상 준비가 되어 있어야 하며, 시간문제인 중국의 군사력 강화는 시간문제로 보고 이를 경계해야 하고, 아프리카 등에서 이미 벌어지고 있는 중국의 자원선점 정책에 대항해야 한다고 목소리를 높이고 있다.

그러나 양국관계를 책임 있게 다루는 행정부, 언론계, 그리고 싱크탱크 대부분은 확연히 B그룹에 속하는 입장을 취하고 있다. 제1기 오바마 행정부에서부터 추진하고 있는 아시아 재균형 정책the Pivot to Asia or Rebalancing towards Asia에 대해서도 일부 정치권과 보수층에서는 부시 행정부가 취한 중국에 대한 봉쇄 또는 포위 전략의 일부라는 해석을 하기도 한다. 하지만 그보다는 동아시아의 거역할 수 없는 부상에 따라, 미국으로서도 대서양 관계보다는 태평양 관계가 더 중요해졌다는 것을 의미하는 것으로 해석하는 것이 옳다.

중국 내부에서도 새로이 부상하는 민족주의 감정을 필두로 미국과의 경쟁과 충돌을 피할 수 없다고 보는 여론이 있기는 하다. 미국 내 여론 그룹 A와 유사한 입장이다. 이들은 또 자신의 이론이나 주장을 냉전시대의 연속선상에서 습관적으로, 또 그 이전 중국 역사상 최대의 치욕으로 꼽히는 19세기 중반 이후 한 세기 동안 쌓아온 방어 메커니즘인 피해의식에 기반을 두기도 한다.

그러나 중요한 것은 중국 정부가 중미관계에 관해 '신新대국관계大國關係'를 공식적으로 천명하고 있다는 것이다. 그 내용을 살펴보면, 미국 내의 현실적인 B그룹의 논리와 철학 면에서 아주 유사하다. 이들은 중미관계가 과거 역사적으로 되풀이되었던 기존 패권국가와 신흥부상국가 간의 충돌과 전쟁을 상정해서는 안 되고, 그럴 필요도 없다는 것이다. 경쟁은 불가피하겠지만 계속되고 있는 상호의존 관계의 심화로 인해 경쟁 못지않게 협력이 중요해졌다고 명약관화하게 설정하고 있다. 그 배경에는 중국이 역사적으로 군사력이라는 하드 파워가 아니라 문화라는 소프트 파워에 의존하여 동아시아 국제 질서를 관리해온 전통이 깔려 있는 것이다. 21세기 태평양시대를 위해, 우리나라의 미래를 위해서도 아주 다행스러운 일이다.

우리가 패러다임의 전환기에 있기 때문에, 이상주의 외교와 가치 중시 외교 사이에서 혼선을 일으키기 쉽다. 특히 미국과 중국을 모두 우리 편으로 만들어야 하는 중요한 과제를 안고 있는 우리 외교에서는 이상주의 외교와 가치 기반 외교가 동일시되며, 미국의 편을 들어 중국을 적대시하는 것으로 많은 오해를 사고 있다.

민주주의는 국가의 안정과 번영을 위해 인류가 창안해낸 가장 좋은 제도로 볼 수 있다. 특히 동양에서는 20세기 초까지 수천 년간 세습 왕조 이외에는 아무런 정권 이양의 메커니즘을 창안해낸 것이 없다. 지도자가 되면 죽을 때까지 지도자, 그 지도자가 죽으면 그 후손이 다시 지도자가 되는 원시적인 방법에서 한 발자국도 앞으로 나아가지 못한 것이다. 그러나 이제 한 · 중 · 일을 비롯해 모든 동아시아 국가들은 국가의 지도자를 주기적으로 교체하는 민주주의 메커니즘을 정착시키고 있다. 아마도 국민의 번영과 자유를 위해 동양이 서양에서 배운 가장 중요하고 긴요한 제도일 것이다.

민주주의와 달리 시장경제가 과연 서양의 창조물인지는 잘 살펴볼 여지가 있다. 정부가 경제활동에 깊숙이 관여해 생기는 통제경제와 대비해 살펴볼 때, 더욱 그러하다. 서양과는 달리 동양에서는 전통적으로 정부가 통제경제를 시행한 예가 거의 없다. 긴 역사를 볼 때 동양의 국가경제에 대한 기본 입장은 통제와는 반대로 방임laissez-faire과 아주 흡사하다. 즉 동양에서는 사농공상의 계급화에서 보듯이 이윤 추구를 멸시하는 철학과 윤리 때문에 시장경제가 활성화되지 못했을 뿐이지, 동양사회의 기본에 이미 깔려 있다고 볼 수 있다default mechanism. 시장경제의 기초가 되는 중요한 요소인 사유재산 인정의 역사는 동양이 서양보다 더 오래된 점을 감안하면 더욱 그러하다. 이것은 20세기 후반부터 동양 여러 나라가 이룩한 경이적 경제발전을 가장 적실성 있게 설명할 수 있는 점이다. 동양 여러 나라의 경제발전은 인류 역사의 모든 기록을 갱신할 정도의 수준이다.

또 민생은 동양의 천명mandate of heaven 사상과 밀접한 관계에 있다. 민생을 돌보지 못하는 지도자는 천명을 잃게 되는 것이다. 서양식 개념인 인권의 가장 기본이 되는 요건을 민생의 개념이 충족시켜주고 있다고 볼 수 있다. 민생이라는 개념 속에는 시장경제와 민주주의라는 원칙의 핵심 요소가 내재되어 있는 것이다. 실제로 17세기 후반 18세기 서양의 계몽주의 시대에 동양 문화가 처음 서양에 소개되었을 때, 서양의 사상가들은 두 가지 점에서 커다란 인상을 받았다. 하나는 동양에 세금이 아주 적은데도,

상업 활동을 진작하도록 도로 등 인프라가 잘 정비되어 있다는 것이고, 다른 하나는 서양에 아직 도입되지 않은 개념인 개인의 경제적 자유가 동양에 이미 널리 시행되고 있었다는 것이다.

21세기에 들어서서, 민주주의와 시장경제는 사실 하나의 뿌리를 갖게 되었다. 그것은 서로 다르지만 개인의 자유, 창의력 존중이라는 기본요소를 공유하고 있다. 개인의 자유 없이 민주주의는 없다. 마찬가지로 개인의 자유 없이 시장경제도 불가능하다. 결국 민주주의와 시장경제는 개인의 자유라는 동전의 앞뒷면인 것이다.

사실 민주주의, 인권 존중이라는 제도 내지 가치를 다른 나라에 그대로 이식할 수 있고 이를 통해 근본적인 문제를 해결하겠다는 생각은 많은 경우 현실적이지 않다는 것이 이미 경험적으로 증명되고 있다. 민주주의, 자유, 인권 존중이라는 가치가 한 나라, 한 국민의 존엄과 번영에 필요불가결하고 궁극적인 목표를 구성함에는 틀림없다. 또 민주주의가 지금까지 인류가 개발해낸 정치제도 중에 최고의 것이라는 데도 이론의 여지가 없다. 하지만, 이를 향유하기 위해서는 중산층의 존재라든가 적절한 수준의 경제발전, 문화적인 뿌리, 국민의식의 발달 등이 전제될 수밖에 없는 것이다. 그러므로 이러한 가치를 존중하고 중요시한다는 것과 이를 외교의 수단이나 목적으로 삼는다는 것은 분명히 다른 이야기일 수밖에 없다.

이상주의 외교에 대한 거부감은 특히 국제 관계가 전쟁 패러다임의 지배를 받을 때 더욱 심했다. 군사력과 힘을 바탕으로 한 약육강식이 국제 관계의 본질이며 명분 또는 가치라는 것은 힘을 정당화해주고 설명하는 것이지, 힘을 움직이는 것이 아닌, 그런 세상에서는 이상주의에 대한 경계나 반감은 당연한 면이 있다. 이것이 20세기까지 수천 년간 부족이나 국가 간의 관계를 지배해온 현실이다. 특히 강대국이 앞세운 명분, 이상주의가 약소국에게는 침략과 병탄의 앞잡이와 도구 노릇을 해온 것을 감안하면, 약소국에서의 이상주의에 대한 냉소와 본능적인 반감은 충분히 이해할 만하다.

그러나 이제 21세기에 들어서서, 국제 관계가 무역 패러다임에 의해 지배되는 상황에서는, 무력은 일국의 국부나 무역 관계를 파괴하려는 힘에 대한 억지력으로서 필요한 것일 뿐이다. 전쟁 패러다임에서처럼 한 나라가 군사력을 앞세워 남의 나라를 침공해 영토를 넓히거나 재산을 탈취한다는 것은 더 이상 불가능해지고 또 불필요해졌다. 무역에 의해 대부분을 얻을 수 있기 때문이다.

무역 패러다임을 받아들이고 성공한 나라에는 모두 공통점이 있다. 정부가 국민을 위해, 즉 민생을 위해 일한다는 것이고, 국민 개개인은 정권이 정해주는 곳이 아니라 자신이 원하는 곳에 자유롭게 취직할 수 있고, 자신이 원하는 삶을 살 자유가 있다는 것이다. 정부가 민생을 챙기지 않는다는 것은 다른 어떤 이유 · 목적을 내세워 정권, 다시 말하면 위정자와 그 측근이 자신의 이익을 민생보다 중요시한다는 것이다.

그러므로 무역 패러다임 내의 국제 관계에 있어서는 한 국가가 민생을 최대 목표로 삼고 있는지, 국민 개개인이 자유를 누리는 시장경제를 취하고 있는지의 두 가지 요소가 바로 한 나라 외교의 중요한 지표가 되지 않을 수 없다. 민주주의나 인권을 전파하고 이식하기 위해 외교력을 집중하는 이상외교는 우리와 맞지 않는다. 그러나 한 나라가 시장경제와 민생을 실천하고 중요시하고 있는지, 또는 그렇게 하려고 최선을 다하고 있는지를 보아가며, 그런 나라와 동맹을 맺고(예를 들면 미국), 협력관계를 강화하고(예를 들면 중국), 그렇지 못한 나라(예를 들면 북한)에게는 그렇게 되도록 도움을 주고 격려해나가는 가치 기반 외교는 우리 외교에 탄탄한 기초를 제공해줄 것이다.

인권이 아닌 민생이 중심이 된다면

우리가 시장경제와 민생을 주축으로 하는 가치 기반 외교를 구현할 경우 중국은 확고히 우리와 같은 가치를 공유하므로 한중협력이 오히려 힘을 받을 수 있다. 그러나 민주주의나 인권을 척도로 삼을 경우 중국의 현 위치에 대해 일부 논란이 있을 수 있다. 그러나 이미 와해된 소련과 비교하면, 중국은 분명히 무역 패러다임을 받아들이고 있음을 인정하지 않을 수 없다. 중국은 그 때문에 번창하고 있는 것이며, 중국 정부의 최대 목표는 바로 민생이며, 중국 국민 개개인은 소련 치하의 국민들보다는 비교가 되지 않을 정도로 자유를 누리고 있다는 것이다. 이 개개인의 자유가 시장경제의 근간이 되어 중국의 경제를 세계 1, 2위로 끌어올리고 있다. 즉 중국은 우리와 이미 민생이나 시장경제라는, 21세기에 가장 중요한 가치를 공유하고 있다.

그러므로 우리나라 외교에 있어서 이러한 현실을 직시할 경우 우리 외교는 한중 관계를 걱정하지 않고, 민생과 시장경제라는 원칙과 가치를 그 외교 기반으로 삼을 수 있다. 그럴 때 우리 외교는 미래의 방향 설정에서 흔들림이 없게 된다. 그리고 대미 · 대중 · 대북정책에서 확고한 원칙과 가치를 갖게 된다는 것을 의미하며, 시시각각으로 변하는 눈앞의 이익이나 상황에 쫓기거나 좌우되지 않고 확실한 좌표를 갖게 된다. 무엇보다 중요한 것은 궁극적으로 우리의 외교가 성공함으로써, 우리가 취한 방향이 옳다는 것이 증명된다는 큰 장점을 갖게 된다.

우리는 가치외교 또는 원칙외교를 함에 있어서, 서구식 개념인 민주주의나 인권보다는 동양 문명에 내재되어 있는 민생이나 시장경제 같은 동양식 개념을 사용하는 것이 좋다. 동양식 개념이 보다 포괄적일 뿐 아니라, 선거 같은 제도나 인권 집행 같은 기구에 집착하지 않고 무역 패러다임의 본질을 보다 잘 나타내주기 때문이다.

특히 우리의 대북정책을 생각하면 그 장점이 두드러진다. 북한에 서구식 개념인 민주주의나 인권을 이야기하면, 반발하고 견강부회한 논리를 구사할 수 있다. 그러나 그 대신 유사한 가치를 지향하지만 동양의 철학이나 정치 이념과 부합하는, 시장경제나 민생이라는 가치와 원칙을 사용하면 반발할 명분이 그만큼 줄어들게 된다. 따라서 민생과 시장경제를 우리 대북정책의 기반을 이루는 원대한 원칙으로 삼을 경우, 우리는 우리의 좌표를 확실하게 할 수 있을 뿐 아니라, 궁극적으로 북한 문제가 해결되려면 나아갈 수밖에 없는 방향을 제시해준다는 커다란 장점도 얻게 된다.

민주주의나 인권 같은 서양식 개념보다는 시장경제나 민생 같은 동양 문명에 내재되어 있는 개념이 21세기 무역 패러다임 하에서 더 큰 적실성을 갖는 것처럼, "네가 원하는 것을 먼저 남에게 하라"는 적극적이고 간섭적인 서양의 행동양식보다는 "네가 원하지 않는 것을 남에게 하지 말라"라는 수용적이고 비간섭적인 동양의 행동양식이 21세기 국제 관계를 보다 평화롭고 생산적이 되도록 할 가능성이 더 크다는 점에 우리는 착안할 필요가 있다. 서양의 이상외교가 전자라면 우리의 가치외교는 후자의 행동양식을 채택해야 한다.

이 점은 우리가 한미동맹과 한중협력을 동시에 추구하려고 할 때 적실성을 갖게 된다. 가치외교, 원칙외교라고 하면 미국 편을 들고 중국을 멀리하거나 적대시하는 것이라는 생각은 국제 관계 패러다임의 대변이를 모를 때 생기는 혼란이다. 중국은 우리나 일본, 미국과 같이 전쟁 대신 무역, 정권의 생존 대신 민생, 통제체제 대신 개인의 자유를 분명히 택한 나라이다.

민주주의나 인권을 앞세우면, 서양식 제도나 규정이 기준이 되어, 마치 중국이 비민주주의 국가, 비인권 국가처럼 채색될 수 있다. 그 경우 미국과 중국의 관계는 양립이 어려운 갈등 관계로 비쳐, 우리는 원칙과 가치의 차원에서 마치 미국과 중국 중 하나를 택해야 하는 것처럼 풀이될 수 있다. 그러나 민생과 시장경제라는 원칙과 가치를 대신 적용하면, 중국이 다른 어느 나라보다도 시장경제에 성공적이고, 민생을 국정의 기본으로 하는 나라라는 것을 인정하게 된다. 시장경제와 민생을 미국에 적용해도 미국의 기본 가치와 원칙에 부합하는 것을 알게 된다. 그 경우 미국과 중국은 같은 목표와 가치를 지향하며, 같은 원칙을 공유하고 있다는 것을 인정할 수 있다.

그러면 미국과 중국이 가치나 원칙 문제로 충돌할 가능성이 크게 줄어들게 된다. 우리에게 무엇보다 중요한 것은 미국과 중국 중 하나를 택할 필요 없이, 우리 국익에 필수적인 한미동맹, 한중협력을 동시에 추구할 수 있다는 점이다. 이 모든 것은 군사력과 전쟁에서 경제력과 무역으로 국제 관계를 지배하는 패러다임이 바뀌었기 때문에 가능한 일이다. 그만큼 우리의 국운은 상승세를 타고 있다. 반만년 역사상 우리나라가 오늘날처럼 번창한 적이 없고, 그 운도 무역 패러다임의 등장을 계기로 오늘날처럼 상승하는 때가 없었다. 북한 문제를 성공적으로 관리해 궁극적으로 통일을 이루는 데 우리의 역사적인 운을 잘 활용하여야 한다. 운을 활용하지 못하면 운으로부터 버림받게 된다는 역사의 교훈을 잊지 말아야 한다.

북중 관계에서 서서히 일어나는 변화

1950년 6월 25일 발발한 한국동란 당시 동북아는 아직 전쟁 패러다임의 지배를 받고 있을 때였다. 따라서 동맹은 생존전략의 중요한 요소였다. 수천 년 동안의 역사에서 중국은 자국의 국경 지역에 강대국의 군대가 주둔하는 것을 곧 자국의 안보에 대한 최대의 위협으로 간주했다. 몽골, 여진, 흉노 등 북방 기마민족과 수천 년을 이어온 혈투가 곧 그러하다. 중국은 임진왜란과 구한말 한반도에 일본이 침공했을 때, 자국의 안보를 위해 대군을 파견해 한반도에서 일본과 싸웠다. 한국동란 때도, 미군이 평양-원산 라인을 넘어 북진을 계속하자 수백만의 '의용군'을 보내어 한반도에서 미국과 전쟁을 치렀다.

이처럼 중국은 막대한 희생을 치러가며 북한을 생존케 했고, 한국동란 이후 북한 지역은 남한에 주둔한 미군과 중국 사이에 위치해, 완충 지역으로서 중국의 안보에 중요한 역할을 하게 되었다.

냉전기간에는 소련과 중국이 북한을 자신의 충실한 동맹국으로 만들기 위해 경쟁적으로 북한에 원조를 하는 상황이 벌어졌다. 그러나 1980년대 말 소련의 소멸과 함께, 북한 정권이 생존을 위해 꼭 필요로 하는 석유와 식량을 중국 단독으로 북한에 원조하는, 북한으로서는 아주 불편한 상태가 야기되었다. 철저한 통제경제와 자급자족식 경제체제를 유지해온 평양 정권은 자신의 생존을 결국 중국의 호의에 의탁하지 않을 수 없게 된 것이다.

중국은 석유와 식량을 주고, 북한은 미국의 군대를 중국 국경에서 멀리 떨어트려놓는 상부상조의 관계로 돌입한 것이다. 그러나 국제 관계의 패러다임 전이라는 역사적인 사건으로 북 · 중 간의 상부상조 관계에 본질적인 변화가 생기게 되었다. 미 · 중 관계를 포함한 전반적인 국제 관계가 전쟁 패러다임에서 무역 패러다임으로 전이하고 있다는 증거가 빠르게, 깊이, 불가역적인 패턴으로 나타나기 시작한 것이다.

중국과 미국 간에 적대관계가 해소되고, 기본적인 상호의존 관계로 돌입하면, 중국은 북한을 원조하고 후견인을 할 동기를 상실하게 된다.

우리는 이에 대한 인식을 분명히 해야 한다. 그렇지 않으면, 21세기 미 · 중 관계의 본질을 볼 수 없고, 따라서 한미동맹, 한중협력은 물론 북한을 관리하는 틀을 마련할 수 없게 된다.

수천 년 계속된 약육강식의 전쟁 패러다임 속에서는 북한처럼 취약한 국가는 주변 여러 나라가 호시탐탐 노리는 먹잇감이었다. 이를 위한 외교, 동맹, 전쟁이 계속된다. 구한말 취약한 조선을 둘러싸고 한반도 주변에서 벌어진 현상이다. 이는 세계적인 현상이었다. 구한말, 같은 시기에 아프리카 전체가 취약한 나라로 가득 차 있었다. 말라리아 약을 개발한 유럽의 모든 열강은 보다 많은 아프리카 영토, 영향권을 차지하기 위해 아프리카 대륙 내부로 몰려들었다. 이것이 바로 서구열강이 벌인 '아프리카 쟁

탈전The Scramble for Africa'이라고 부르는 현상이다.

그러나 이제 세계는 역사적인 패러다임의 전환을 경험하고 있다. 이제 군사력이 아니라 경제력과 무역의 힘에 의해 국가의 부유함과 강하고 약함을 가름하게 되었다. 어느 나라고 전쟁을 통해 영토를 넓히고 국민의 수를 늘려 부강하게 되려는 구상은 하지 않는다. 이러한 상황에서 과거의 약소국은 이제 손쉬운 먹잇감prey에서 골칫거리, 부담burden으로 바뀌고 있다.

미중 관계가 긴장과 경계에서 경쟁과 상호의존이라는 근본적인 변화를 하게 됨에 따라, 북한이 중국에 이바지할 역할이 거의 없어지게 된 것이다. 따라서 중국이 북한에 매년 보내는 대량의 원조는 반대급부를 상실했다. 북한이 중국에 줄 것이 없어졌기 때문이다. 그렇다고 북중관계가 이러한 상황 변화에 신속히 적응해서 지금까지 해온 관행을 하루아침에 바꾸는 그런 일이 일어나리라고 기대하는 것은 너무 성급한 희망이다.

국가 간의 관계는 전쟁을 치를 때를 빼고는, 항상 서서히 변한다. 더구나 중국처럼 커다란 나라의 경우 더욱 그러하다. 중국과 북한의 관계가 근본적으로 변화하게 되리라는 것은 틀림없는 사실이다. 국제 정세에 역행해 민생을 돌보지 않고 핵무기를 개발하며 많은 문제를 일으키고 있는 북한을 중국은 점점 부담스럽게 생각하고, 반대로 중국의 성장에 도움이 되는 한국과의 관계를 점점 중요시하게 될 것이다. 중국은 어느 시점이 되면 북한 정권의 생명줄인 대북 원조를 적절한 북한 통제수단으로 이용할 것이다. 중국의 국익이 그것을 명하기 때문이다. 그것을 우리의 외교에 반영하고, 우리의 국익에 도움이 되도록 해야 한다. 우리는 전략적 비전과 참을성을 갖고 이를 활용할 줄 알아야 한다.

중국은 북핵을 어떻게 다룰 것인가?

북한 문제를 관리해나가는 이러한 전략 구상에 시간상 제약이 있고 폭발성이 있는 한 가지 이슈가 대두된다. 그것은 북한 핵 문제이다. 앞에서 살펴본 바와 같이 미국은 북한의 전략적 결단을 기다리며 북한 핵 문제를 다루어나가되, 중국에게 북한 핵 문제를 남의 문제로만 보지 말고 중국의 국익 차원에서 보다 적극적 역할을 해줄 것을 주문하고 있다. 아울러 북핵 전문가들은 미국에게는 북한이 핵물질을 해외에 매각하거나, 미사일에 탑재할 수 있을 만큼 핵무기를 소형화할 경우 미국의 직접적인 행동을 촉발하는 금지선을 넘어서는 것으로 보고 있다.

중국에게도 북핵과 관련해 이러한 금지선이 있는 것인

지 전문가 사이에서 많은 관심을 자아내고 있다. 북한의 핵 물질을 해외에 매각하거나 핵무기 소형화에 성공하거나 또는 북한이 현재 보유한 것으로 추측되고 있는 10기 내외의 핵무기를 수십 기로 확대 생산 저장할 경우, 중국이 아무렇지 않게 지낼 수 있는지 의문을 갖는 것이다. 북한은 한국과는 핵 문제 협의를 거부하고 있고, 미국은 북한이 궁극적으로 핵을 포기하는 전략적 결단을 내릴 때까지 북한과 핵 협상을 하지 않는다는 입장을 취하고 있다. 그런 가운데 중국만이 유일하게 북한에 대해 강력한 지렛대 즉 레버리지leverage를 갖게 된 것이다.

다행스럽게도 중국은 지금까지 별것 아닌 문제로 취급해온 북핵에 대한 입장을 서서히, 그러나 근본적으로 재검토하는 단계에 도입한 것으로 보인다. 북핵이 중국의 지속적인 경제발전에 긴요한 동북아의 평화를 위협하는 최대 요소로 등장하고 있기 때문이다.

중국에게는 시간이 많지 않다. 북한이 미국이나 국제사회가 설정한 금지선에 근접하게 될 앞으로 5년 남짓한 기간에 중국은 국제사회에서 거의 독점적으로 북핵 문제를 다룰 수 있는 위치에 있다. 또 해결하려고 할 경우 다른 어떤 나라에도 없는 커다란 영향력을 갖고 있다. 중국은 북핵 문제에 대한 책임감을 점점 크게 느끼고 그 처리 방안에 대해 심각히 고민하면서, 해결 방안을 모색해야 할 것이다.

중국은 한반도 비핵화라는 원칙을 지지하는 입장을 굳게 지키고 있다. 한반도가, 즉 남북한 또는 통일 한국이 핵무장을 할 경우, 이것이 중국으로서는 받아들일 수 없는 일본의 핵무장을 촉발하게 될 것이기 때문이다. 다행스럽게도 북한의 비핵화라는 원칙에는 우리나라를 비롯해 미국, 중국, 일본, 러시아 등 국제사회가 모두 의견을 같이하고 있다.

중동문제, 이란 핵 문제와 함께 세계 3대 난제의 하나로 불리는 북한 핵 문제의 해결을 위해, 우리와 미국 · 중국 · 일본 등은 위기감을 느끼고 힘을 합쳐 부단한 노력을 경주해야 한다. 그러나 이는 난제중의 난제인 만큼, 해결을 위한 노력과 함께 관리 차원에서 우선하여야 할 일이 있다. 북한으로 하여금 핵무기 개발 계획을 더 이상 진전시키지 못하도록 하는 것이다. 북한은 과거 몇 차례 반대급부를 받고, 핵무기 개발 계획의 동결에 동의한 바 있다. 물론 궁극적인 해결도 상정하고 있었지만, 결국은 동결(또는 지연)이 현실적인 소득이었다.

중국은 이미 반대급부 없는 원조를 북한에 해주고 있다. 북한의 정권을 연장시키는 식량과 원유를 매년 다량 공급하고 있는 것이다. 냉전시대에 필요했던 중국과 미국 사이의 완충지대로서의 북한의 역할은 이제 시대착오적인 것이 되어버렸다. 따라서 습관적으로 반대급부 없이 주는 대북 원조를 중국은 강력한 레버리지로 전환할 수 있다. 이를 활용해 중국은 자신의 이익을 위해 북핵의 동결을 우선 확보할 수 있어야 한다. 개념적으로 중국은 북핵의 해외반출, 소형화, 그리고 수량의 증가를 금지선으로 설정하고 북한에게 분명한 메시지를 보내 강력한 압력 수단을 보여줌으로써, 중국 자신의 국익을 신장하고 동북아 평화에 결정적으로 기여할 수 있다.

6

한일교류

– 우경화의 일본, 어떻게 대응해야 하는가?

"일본은 어려운 국내 사정과 문제를 타개하기 위한 방편으로
국수주의와 함께 우경화를 추진하고 있다.
특히 아베 정권 하에서는 노골적으로 이를 목표로 삼고 있다.
일본의 우경화와 국수주의의 표현으로 국방력을 강화하고
헌법 제9조를 수정해 국방력의 사용에 관한 한
'정상적인 일본' 이 되도록 목표를 정하고 있다."

일본의 팽창주의는 부활하는가?

일본은 내치 면에서 세계에서 가장 부유하고 안정되고 안전하고 평등한 사회를 만들어낸 성공적이고 모범적인 국가 중의 하나이다. 경제 면에서도 세계 최고 수준의 경쟁력을 갖추었을 뿐만 아니라 최근 잠정적인 침체에도 불구하고 여전히 세계 제 3위를 유지하고 있다. 중국에게 세계 제 2위의 자리를 내준 것이 불과 몇 년 전이다. 그리고 비록 노령화 등 커다란 문제를 안고 있기는 해도, 세계 경제 제 3위의 지위는 가까운 시일 내에 좀처럼 바뀔 것 같지 않다. 2011년 3월의 후쿠시마 원전 참사의 타격으로 정치, 경제, 사회적으로 어려움을 겪고 있지만, 일본인들의 타고난 근면성, 응집력, 유연성으로 어렵지 않게 극복하고 다시금 활력을 보일 것으로 예견되고 있다. 인류 역사상 유례를 찾기 힘든 메이지 유신의 눈부신 성공사례도 있다.

이처럼 내치 면에서 뛰어난 많은 장점을 지닌 일본은 외치 면에서 놀라우리만큼 많은 문제점을 드러내고 있다. 일본은 문화를 계속 흡수 수용만 했지 밖으로 전파한 적이 없다. 따라서 일본은 대외적으로 어떠한 태도를 취해야 하는가 하는 문제에 직면할 때, 특히 능동적 입장을 취해야 할 때는 많은 어려움을 안고 있는 듯하다. 역사적으로 계속 고립되어 있었으며, 다른 나라와 평화롭고 생산적인 관계를 설정해본 적이 별로 없다. 지리적으로 가장 가까운 한국과의 관계를 살펴보면 이러한 면이 잘 드러난다.

중국(몽고나 만주가 아닌 전통적 중국)이 그 문화가 시사하는 바와 같이 동양에서 전통적 안정세력으로 작용했고, 서양 국가들 역시 그 문화가 시사하는 대로 팽창 · 점령정책을 추구한 데 반해, 일본 역사는 과장된 팽창정책과 역시 과장된 고립주의 사이를 왕복한 듯이 보인다. 도요토미 히데요시豊臣秀吉의 임진왜란과 정유재란은 과장된 팽창정책의 한 예이다. 도쿠가와 막부시대에 철저한 고립주의를 택했다. 그리고 일본은 메이지유신에 성공한 뒤 한반도를 침략하고 중국을 침공하는 등 또다시 과장된 팽창정책을 취했다.

가장 가까운 이웃인 한국과도 평화롭고 생산적인 국가

간의 관계를 운영해본 적이 없다. 이는 유독 한국과의 문제가 아니라 일본의 전반적인 외치, 대외관계에서 불안정성과 표변의 가능성을 보이고 있다. 일본은 20세기 전반 동아시아 병탄을 꿈꾸며, 독일의 나치를 본받아 철저한 군국주의를 표방했다. 그러나 2차 세계대전 이후 하루아침에 군국주의에서 민주주의로 전향했다.

21세기 초, 일본은 갑자기 다시 극우의 입장을 속속 드러내고 있다. 일본이 이웃 나라와의 관계에 결정적인 변화와 영향을 줄 이러한 중대한 변화를 별다른 내부토론이나 고민 없이 하루아침에 만들어내는 것을 볼 때, 일본의 대외적인 태도의 예측 불허한 측면은 상존한다고 보는 것이 옳을 듯하다.

탈아입구가 가진 두 가지 얼굴

황준셴이 활동하던 시기는 소위 서세동점西勢東漸의 시기였다. 한국은 동도서기東道西器, 중국은 중체서용中體西用으로 중심을 지키고자 했다. 일본도 유사하게 화혼양재和魂洋才를 주장했다. 그러나 한국이나 중국과는 달리 화혼양재와 함께 탈아입구脫亞入歐를 외쳤고, 실제 국제 관계에서는 후자가 압도적인 영향을 미치게 되었다.

탈아입구의 기치 아래 일본은 서양으로부터 배운 불평등조약을 이웃 동양 국가들에 그대로 활용했으며, 서양식 위선을 본받아 다른 동양 국가를 점령하면서 '해방'시킨다고 했다. 서양에서 배운 식민주의로 이웃을 착취하면서 '독립'을 유지해준다고 했다. 심지어 서양의 제국주의 시대 때의 슬로건인 '백인의 의무'를 본떠 일본은 '아시아는 아시아인에게로'라는 목표와 '대동아 공영권'을 시현할 의무가 있다고 강변했다. 급기야는 신도주의神道主義를 점령지에 도입하며, 일본 천황을 신성시할 것을 다른 나라 국민에게 강요했다.

이러한 일본의 외치는 긴 동양역사에서 전례가 없는 비非동양적인 대외적 형태를 마구 감행했다는 점에서 특이하며, 이로 인해 일본은 이웃 동양 국가들에게 믿음의 바탕을 잃어버렸던 것이다. 이를 회복하기 위해 일본은 각고의 노력을 해야 할 입장에 서게 되었다.

그러나 일본은 그러한 노력을 별로 하지 않을 뿐 아니라, 오히려 군국주의 시절 행한 갖가지 만행을 부정하거나 정당화하는 언행을 시간이 갈수록 더욱 분명하게 하고 있다. 일본의 가장 가까운 인근 국으로서 우리는 왜 일본이 이해하기 힘들고 받아들일 수 없는 외치를 하고 있는지 살펴볼 필요가 있다. 한일관계를 어떻게 설정해야 하는지 분명한 비전을 갖기 위함이다.

일본에서 한국이나 중국에는 없는 탈아입구를 외친 사람은 후쿠자와 유키치福澤諭吉이다. 19세기 후반 후쿠자와는 개화, 평등사상을 주장하고, 서구의 선진 사상과 사조를 도입하는 데 결정적인 역할을 하고, 일본에 복식부기와 보험의 개념을 도입하고, 게이오대학을 설립하고, 〈산케이신문〉의 전신인 〈지지신보〉를 창간하는 등, 끝없는 정열로 르네상스인처럼 각 방면에서 일본을 위해 뛰어난 활동을 한 사람이다. 일본인들에게 크게 어필하는 것은 당연하다고 볼 수 있다.

그러나 후쿠자와는 일본의 모든 내치에 관한 한 선진화와 개화 등에 결정적으로 긍정적인 역할을 한 것처럼, 동시에 일본의 외치에 관한 한 결정적으로 부정적인 역할을 했고 일본인들에게 그릇된 인식을 심어주었다. 그는 탈아입구를 외치며 일본이 조선이나 중국 같은 미개한 아시아의 이웃들을 구제하려 할 것이 아니라, 미련 없이 버려야 하고, 식민지로 삼아야 한다고 주장한 사람이다. 화혼양재가 동양의 깊은 윤리와 도덕을 지키고 서양의 과학기술과 앞선 정치경제문화 사조와 제도를 받아들이자는 것을 주장했다면, 후쿠자와의 탈아입구는 동양적인 것을 송두리째 버리고 완전히, 그리고 새로이 서양적인 것을 모두 받아들여, 일본을 서양처럼 만들자는 것이었다.

탈아입구가 이미 지나간 19세기 과거의 문제라면, 역사학자를 빼고는 우리 외교의 관심사가 될 필요가 없다. 또 탈아입구가 일본 국내문제에 국한된다면, 이웃나라에서 참견할 일이 아니다. 그러나 이러한 자세나 정책이 오늘날 일본의 외치에 영향을 미칠 경우, 이웃나라의 직접적인 이해가 걸린 관심사가 된다. 서양에서 본받아야 할 것 중에 특히 서방 국가들의 약육강식을 본떠서, '미개한 이웃인' 조선과 중국을 식민지로 만들 것을 주장한 것은 일본의 문제가 아니라, 우리의 문제가 되는 것이다. 특히 일본이 그러한 주장을 오늘날까지도 불식하지 못하고 있을 경우 더욱 그러하다.

후쿠자와는 바로 국내적으로는 복이고 국외적으로는 화라는 이중성을 가진 장본인이었다. 어쩌면 그는 서양의 압도적인 발전에 경도된 나머지, 국가 간에도 윤리가 있어야 한다는 동양의 오랜 전통과 심오한 문화, 철학을 한 줌의 가치도 없는 약자의 논리로 치부하고, 서양의 정복 · 착취 · 군사력을 앞세운 약육강식의 비문명적인 미개한 행동양식을 그대로 본받을 것을 주장했던 것으로 보인다. 그리고 당시 일본에는 이러한 후쿠자와의 주장을 환영하고 받아들일 문화와 전통적 토양이 이미 마련되어 있었다고 볼 수 있다.

수치로부터 도망치는 특유의 문화

탈아입구는 과거사가 아니다. 오늘날 일본인들은 국제적으로 볼 때나 문명의 차원에서 볼 때 복합적인 평가를 받아야 할 후쿠자와에 대해, 한 점의 유보도 없는 존경심을 그대로 간직하고 있으며, 1만 엔짜리 지폐에 그의 초상화를 사용하고 있다. 일본의 침략을 경험한 이웃나라에게 중요한 관심사가 아닐 수 없다.

이렇게 보면, 일본이 과거사를 직시하지 못하고, 한국 침략이나 중국 침공, 군대위안부, 난징학살, 잔인했던 식민통치 등을 부인하고 있는 것은 후쿠자와가 만들어낸 것이 아니라 오래된 일본의 문화와 전통에 내재되어 있는 것일지 모른다. 후쿠자와는 단지 이러한 점을 19세기 후반의 시대정신으로 표현한 것뿐이라고 볼 수도 있다. 결국 국내적으로 그토록 안정되고 경제가 탄탄한 나라를 만드는 데 성공했으면서도, 국제적으로는 그렇게 스스로를 외톨이로 만드는 이해하기 어려운 행태를 보이고 있는 것은 19세기 후쿠자와의 교육 때문이 아니라 아마도 더 오랜, 그리고 더 깊은 일본 특유의 문화와 전통에서 그 뿌리를 찾아야 할 것으로 보인다.

서양의 일본 전문가(미국의 루스 베네딕트나 유럽의 이안 부루마 등)들이 지적한 것처럼 일본은 특유한 '수치의 문화'를 갖고 있다. 서양의 죄의식의 문화와 대조시켜 보면 이해가 쉬운 개념이다. 한 민족이 수치의 문화를 가지고 있을 때, 과거의 수치스러운 일은 인정하고 반성하고 다시는 되풀이하지 않겠다고 다짐하는 것이 아니라, 그것을 숨기고, 그것으로부터 도망가고, 부정하고 부인하게 된다.

독일은 죄의식의 문화의 발현으로 나치의 만행을 철저히 인정하고, 다시는 되풀이하지 않겠다고 이웃과 세계에 거듭 다짐하고 있다. 그러나 일본은 반대로 과거사로부터 도망하고 있는 것은 잘 알려진 일이다. 미국은 2차 세계대전 동안 미국의 태평양 연안에 거주하던 일본계 미국인 10여 만 명을 수용소에 가두는 실수를 저질렀다. 그러나 미국은 1980년대 레이건 대통령 때 이 문제를 공식화해 반성과 사과를 하고 10여 억 달러의 국가예산을 들여 배상을 함으로써 이 문제에 대한 미국의 입장을 깨끗하게 정리했다.

일본은 아시아여성기금이라는 민간조직의 모양새를 만들어서 표면적으로는 민간 차원의 인도적 지원(위로금, 의료비 지원 등)을 해왔다. 여기에 일본 정부 예산이 투입되기도 했다. 그러나 일본은 아직도 원칙적으로 군대위안부 문제에 대해 국가의 책임이 없다면서, 국가책임과 배상의무를 부정하고 있다.

일본은 국제 관계에서도 윤리가 있어야 한다는 동양의

뜻깊은 문화와 전통을 버리고, 서양 문화의 어두운 단면인 약육강식, 정복, 착취를 그대로 본받아 이웃나라에 저지른 각종 만행으로부터 도망하고, 부인하고, 감추고, 숨기려 하고 있다. 일본 특유의 수치의 문화에 그 원인이 있지 않나 생각된다.

탈아입구의 정신과 수치의 문화가 접목해 한일관계에 미치는 영향은 과거의 문제가 아니라, 현재에 그대로 살아 있고, 미래에 그대로 살아 있을 것이다. 오늘날 일본이 취하고 있는 과거사 부정의 태도는 일본의 전통과 문화의 일부로 보아야지 한 정부나 일부 지도자의 문제로 돌릴 일이 아니라는 것이다. 다시 말하면, 일본의 과거 부정 태도는 협상에 의하여 해결될 문제도 아니고, 일본의 지도자들이 갑자기 심경의 변화를 일으켜서 해결될 문제도 아니며, 오랫동안 일본의 일부로 남아 있을 문제라는 인식을 가지고 대처하여야 한다는 것이다.

물론 일본의 과거사에 대한 인식은 변화할 수 있다. 비록 그 수가 줄어들고 힘도 약화되고 있지만 일본 내의 진보세력이나 보통 시민들 가운데 과거사에 대한 일본의 잘못을 진솔하게 인정하고 반성과 사죄를 표현하는 데 전혀 인색함이 없는 사람들도 상당수 있는 것이 사실이다.

일본에서 보수우익들이 벌이는 혐한嫌韓 시위에 맞서서 보통 시민들이 '반 혐한' 시위를 하는 모습은 오히려 우리보다 나은 다양성과 가능성을 예시하고 있다. 우리나라는 획일적 국민정서가 지배하며 반대의견의 표현을 용납하지 않으려는 경향이 일본보다 강함을 인정하지 않을 수 없다.

이런 점에서 볼 때 일본 국민은 과거사 문제와 관련해 이를 정리할 수 있는 가능성을 보이고 있는 반면, 이를 충분히 모색하지 않는 일본의 정치 지도자와 위정자들의 책임이 크다고 볼 수 있다. 귀축영미鬼畜英美를 외치며 미국과 영국을 적으로 하여 2차 세계대전을 치른 일본 국민들이 패전 후 일본 위정자들의 지도 방침에 따라 하루아침에 180도 태도를 바꾸어 진심에서 친미, 친영을 외치게 된 것을 보면, 일본 국민은 분명히 많은 가능성을 보이고 있다. 패전 후 일본의 정치 지도자들이 진정한 국익을 도모한다는 분명한 의식을 지니고 과거의 잘못을 제대로 인정했다면 일본 국민들도 잘 따라왔을 것이다. 일본사회의 분위기도 상당히 달라져 있을 것이다. 이렇게 하면 과거사에 대한 일본의 문화, 전통이 미치는 영향을 바꾸어나갈 수 있었을 것이다. 2차 세계대전 직후, 또 일본의 경제가 세계 제 2위의 위치를 차지하며 세계를 놀라게 할 만큼 일본이 자신이 있었던 동안, 과거사에 대한 접근 방법을 바꿀 수 있는 좋은 기회를 놓친 것은 일본 정치 지도자들의 책임이 크다. 그러나 앞으로도 기회는 온다. 일본 국민은 가능성을 보이고 있다. 일본 지도자들이 솔선수범하면서 국민을 리드해야 한다.

유보되는 전략적 협력 관계

일본은 자연스럽게 우리나라와 전략적 협력관계를 맺을 수 있는 최적의 지정학적인, 그리고 경제적인 조건을 가진 나라 중 하나이다. 동아시아에서 2차 세계대전 이후 무역의 패러다임을 제일 먼저 성공적으로 도입하고, 다른 동아시아와 동남아 국가들에게 퍼트린 나라이다. 1970~1980년대의 눈부신 경제발전과 기술력은 세계 최고 수준이었고, 경제력에 관해 일부에서는 미국을 능가할 가능성까지 점치고 있었다. 우리나라의 경제발전에도 한일교류가 긴요했고, 아직도 한일 교역은 우리 무역의 중요한 부분을 차지하고 있다.

그뿐 아니라, 한국과 일본은 북한 핵 문제를 해결하고 북한 문제를 관리하는 데 유사한 국익을 가지고 있고, 따라서 아주 중요한 파트너가 될 수 있다. 또 중국이라는 거대한 이웃을 대할 때, 그 중압감을 경감하기 위해 긴밀한 협력을 할 수 있으면 서로에게 크게 도움이 될 수도 있다. 한미동맹과 미일동맹에는 미국이라는 공동의 요소가 있다. 따라서 한·미·일 삼각 협력도 동아시아 문제를 관리해나가는 데 중요한 힘이 될 수 있다.

이러한 자연적인 모든 긍정적인 요소들이 한 가지 중요한 장애 때문에 그 빛을 발휘하지 못하거나, 약화될 수밖에 없는 것은 안타까운 일이다. 일본의 문화와 전통, 그리고 그 발현으로서의 과거사에 대한 입장, 이러한 것들은 일본의 침략이나 식민지 경험을 해보지 못한 나라에게는 이론적인 문제에 그친다. 일본과의 외교에서 한 가지 주변문제에 그칠 뿐이다. 세계 제 3의 경제 대국인 일본과 가급적 원활한 관계를 유지하는 것이 좋다는 그 나라의 국익이 그렇게 하도록 명령하고 있는 것이다.

그러나 일본의 최근접 이웃으로서 일본의 과대망상적인 정복·착취 행위로부터 직접적인 피해를 입은 우리나라에게는, 일본이 이를 부인하고 감추려고 할 경우, 이는 전혀 다른 문제가 된다. 과거사를 올바로 직시하지 못하는 점 때문에 우리나라와 일본이 자연스러운 전략적 협력관계를 수립하는 데 결정적인 어려움을 겪고 있는 것이다.

한때 미래지향적인 한일관계를 논의하던 때도 있었다. 그러나 미래는 현재의 연장이며, 과거 없이는 현재도 존재하지 않는다. 일본이 한일관계의 과거를 부정하는 한, 한일관계의 현주소를 제대로 설정할 수 없으며, 미래를 설계할 수도 없다.

우리가 참고 지내면, 혹은 일본과 열심히 교섭하고 협의하면, 적절한 시간의 틀 내에 일본이 과거를 인정하게 되리라는 확신만 있으면, 최대한 노력을 해볼 만하다. 그러나 유감스럽게도, 일본은 좀처럼 과거를 인정할 것 같지 않다. 우리가, 그리고 국제사회가 아무리 노력해도 일본은 과거에 대해 일부 인정, 미온적 사과, 그리고 이에 대한 부정 내지 유보 입장을 취했다가 다시 일부 인정, 사과를 하는 것 같은 상황이 계속되리라고 보는 것이 현실적이다.

우리가 이미 살펴본 바와 같이 일본의 과거사 부정은 탈아입구나 수치의 문화에서 짐작할 수 있는 것처럼 일본의 문화와 전통에 깊이 자리 잡고 있는 것이고, 따라서 적어도 예측할 수 있는 미래의 기간 동안 변화할 가능성이 없다고 보아야 한다. 그러면 우리나라는 그러한 일본을 어떻게 대해야 할지 심각하게 검토하고, 장기적인 안목에서 대일관계의 틀을 만들어야 한다.

유감스럽게도 우리는 일본과의 자연스러운 전략적 협력 관계를 일본이 과거사를 인정할 때까지 유보할 수밖에 없을 것이다. 왜냐하면 그러한 중요한 관계를 설계하고 수립할 기반이 없기 때문이다.

우리는 일본의 과거사 부정을 장기적인 안목에서 대해야 한다. 즉 우리로서는 과거사를 부정하는 일본 정치가

나 관료들의 언행에 대해, 받아들일 수 없다는 입장을 분명히 취해야 한다. 그리고 정치 외교 분야에서 이에 상응하는 냉각기를 가질 수밖에 없다. 그러나 동시에 이들의 언행을 즉시 당장에 고치겠다고 정열을 바치는 것도 생산적이지 않다는 것을 염두에 두어야 한다. 그들은 그런 사람이며 어쩌면 수십 년이 지나도 여전히 그럴지 모른다는 냉철한 자각을 갖고 엄중하게, 그러나 차분하게 대할 필요가 있다.

다시 말하면 과거사 문제는 한일 관계의 전부가 아니라는 인식을 유지하는 것이 득이 된다. 한일 관계에는 일본의 과거사 부정에서 야기되는 껄끄러운 면을 넘어서 보면, 많은 긍정적인 측면이 있다. 양국 간의 호혜적인 경제통상 관계, 연 500만~600만에 달하는 관광객을 비롯한 인적 교류, 그리고 한류의 일본 전파를 주로 하는 양국 간의 문화 교류도 중요하다.

이런 모든 것을 종합적으로 고려할 때, 우리나라는 일본과 전략적 협력 관계를 설정할 시간이 오기를 기다리며, 가능한 대로 경제통상, 문화, 인적 면에서 한일교류를 확대하는 노력을 기울이는 것이 우리 국익에 부합한다. 한일 간에 과거사에서 비롯된 문제는 당장 분명하고 확실하게 해결해야겠다는 자세보다 한일교류에 미치는 영향을 작게 하는 방향으로 지혜롭게 관리해나가겠다는 자세가 필요하다.

한미일 관계 속에서 중국을 주목하라

미국은 세계 지정학의 중심이 된 동북아에 두 개의 중요한 동맹국이 있다. 한국과 일본이다. 미국은 비록 미중 관계를 과거 패권국과 신흥부상국 사이의 충돌과는 다른 관계로 설정한다고 해도, 중국에 대한 레버리지를 강화하기 위해 미일동맹과 함께 한미일 삼각 협력을 원하고 있다. 일본도 빠른 속도로 부상하고 있는 중국으로부터의 위협을 최소화하기 위해 미일동맹, 그리고 한미일 삼각 협력을 원하고 있다.

우리로서도 북한 문제의 관리를 위해 미국과 일본과의 협력을 강화할 실익이 있다. 동아시아 인근 국으로서 느끼는 중국의 압도적인 무게와 중압감을 완화하기 위해서도, 한미일 삼각 협력 관계를 강화하는 것이 국익에 부합한다. 또한 민주주의와 자유경제 체제를 공유하고 있는 한미일 간의 협력 강화는 동북아 지역은 물론 아태 지역 전체에 민주주의와 시장경제를 더욱 확고히 뿌리내리게 하는 좋은 방안이 될 수 있다.

그러나 우리나라는 미국이나 일본과는 달리 한 가지 면

에서 중국의 입장을 더 많이 고려하는 것이 국익에 도움이 된다. 미국이나 일본은 중국과 국경을 맞대고 있지 않다. 또 중국 내에 수백만의 '조선족'이 있지도 않다. 특히 우리는 북한 핵 문제의 해결과 북한 문제 자체의 관리를 위해 미국이나 일본보다도 중국의 협력을 직접적으로 가장 많이 필요로 하는 입장에 있다.

따라서 한미일 삼각 협력 문제에 대해 우리는 원칙적인 입장으로 그러한 협력을 환영하고 증진하는 것이 좋다. 다만 한 가지 제한 요건을 미국과 일본에 납득시켜야 한다. 즉 한미일 삼각 협력을 증진하되, 그 협력이 중국을 대상으로 하거나 중국을 직접 타깃으로 하는 3국 공동 입장이나 정책에는 참여하지 않겠다는 선을 긋는 것이 좋다. 즉 한미일 삼각 협력을 강화하되, 이로 인해 한중 관계가 손상되거나 영향을 받지 않도록 하자는 것이다.

한미일 삼각 협력을 전반적으로 어렵게 할 수 있는 한 가지 중요한 요소는 일본의 우경화 문제이다. 일본은 어려운 국내 사정과 문제를 타개하기 위한 방편으로 국수주의와 함께 우경화를 추진하고 있다. 특히 아베 정권 하에서는 노골적으로 이를 목표로 삼고 있다. 일본의 우경화와 국수주의의 표현으로 국방력을 강화하고 헌법 제9조를 수정해 국방력의 사용에 관한 한 '정상적인 일본'이 되도록 목표를 정하고 있다.

미국은 이러한 일본의 군사력 강화를 호의적으로 받아들일 가능성이 크다. 동아시아에서 급격히 부상하는 중국의 힘에 대해 일본의 힘이 어느 정도 커지는 것은 미국의 국익에 부합하는 것으로 보고 이를 지지할 가능성이 크다는 것이다. 미국은 태프트 장관을 시켜 가쓰라-태프트 밀약을 맺게 한 시오도어 루스벨트 대통령 때도 동아시아에서 그러한 전략을 활발하게 구사했다. 미국의 대리인 격으로 동아시아에서 일본의 힘을 활용해 미국의 국익을 추구하자는 것이다.

일본은 메이지유신과 그 이후 국운과 국력이 급상승하던 시기에 대한 강한 동경이 있을 것이다. 작금의 일본의 우경화가 걱정스러운 이유 중 하나는 현재 일본이 겪고 있는 어려움을 타개하는 데 이용하고자 하는 심리에서 일본이 메이지유신 때 부국강병을 이룩한 선배들의 업적을 그리워하고 본받고자 하는 정신이 일본 우경화의 바탕을 이루고 있을 가능성 때문이다. 따라서 우리로서는 일본의 우경화와 군사력 강화에 대해 반대 입장을 분명히 하지 않을 수 없다.

일본 우경화, 냉철한 대처가 필요하다

한편 일본의 우경화와 군사력 강화라는 사안에 대한 우리의 반대 입장을 어떻게 외교적으로 이행하는가 하는 데 있어서는 주의를 요한다. 뜨거운 감정보다는, 냉철한 국익을 최우선으로 하여야 한다. 그것은 일본의 "우경화 - 군사력 강화"와 일본의 "보통 국가화" 간의 차이를 우리는 인정하고 싶지 않지만, 일본의 식민 통치 경험이 없는 국제사회는 그렇지 않을 것이라는 점 때문이다.

사안에 따라서 일본의 "보통 국가화"를 위한 노력은 미국을 비롯한 대부분 국제사회의 지지를 받고, 중국도 내심으로는 싫어해도 반대할 명분이 없는 것들이 있을 수 있다. 이러한 사안에 우리가 외교적으로 앞장서서 반대 입장을 확고히 할 경우, 우리는 소기의 목적을 달성할 수 없는 것은 물론이고, 결국 국제적 고립을 자초하고 진퇴양난의 결과에 부딪치고 만다. 피하여야 한다.

또한 우리가 일본 우경화 반대 입장을 취하는 데 있어서도 다른 나라, 특히 중국과 연계를 맺거나 양국 공동 입장을 취하려는 노력은 삼가야 한다. 이는 우리가 한미일 삼각 협력을 적극 추진하되, 중국을 타깃으로 하는 공동 입장을 취하는 데는 우리가 참여를 유보해야 하는 것과 같은 맥락이다.

반대로 사안에 따라서 우리의 노력 없이도 소기의 목적이 저절로 달성될 것이 명백한 경우도 있다. 이 경우 우리가 일본의 노력을 반대하는 데 앞장서서 온 외교력을 쏟아부을 필요가 있는지에 대해는 그 득실을 따져보아야 한다. 우리는 유엔이 안보리 개혁을 적극 추진했던 지난 2005~2006년, 일본의 안보리 상임이사국 지위를 획득 노력과 관련하여 유사한 경험을 한 바 있다. 당시 유엔 헌장 개정 작업, 특히 안보리 개혁과 관련하여 이에 내재되어 있는 절차상의 난관을 고려하거나, 객관적 국제 정치 상황으로 보아 일본의 상임이사국 지위 획득은 불가능한 일이었다. 즉 일본의 성공에 전제조건이 되는 안보리 개혁이 사실상 가능하지 않았고, 설사 안보리 개혁의 틀이 짜인다고 해도 중국이 사실상의 비토권을 가지고 있었기 때문이다. 따라서 우리나라로서는 일본의 안보리 상임이사국 진출에 반대하는 원칙적인 입장은 확고히 천명하되, 앞장서서 우리 외교력을 총동원해 이를 세계에 알리고 주요국을 대상으로 교섭할 필요는 전혀 없었던 문제였다.

일본 우경화와 군사력 강화 문제 또한 주변 강대국, 특히 중국도 자국의 직접적인 관심사로서 외교력을 기울일 사안이다. 영토문제가 있는 러시아도 반대할 것으로 보인다. 또 미국도 일본 우경화와 군사력 강화의 궁극적인 표현인 핵무장에는 반대할 것으로 보인다. 따라서 일본의 우경화와 관련, 우리는 반대 입장을 분명히 표현하고 원칙으로 고수하되, 우리나라보다 더 큰 외교력을 가진 나라가 우리와 유사한 입장에서 우리보다 적극적으로 이 문제에 대처하게 될 것이라는 상황을 상정해볼 때, 이제 우리의 제한된 국력을 어디에 써야 할지를 지혜롭게 판단해야 한다.

7

피해의식의 극복이 핵심이다

– 국민정서와 국민이익 사이에서

"지금 한국의 경제 사회 발전 정도가 반미 감정이 유행하던 때의
프랑스 및 일본과 유사한 단계에 와 있는지도 모른다.
그러나 이러한 반미 감정도 사회에 퍼져 있는
정도와 기간이 오래되면 국익과 상충할 수 있다.
더구나 한국과 같은 지정학적 위치에 있는 경우는 더욱 그렇다."

국민정서는 모든 것에 우선하는가?

우리나라는 다행스럽게도 경제적으로 볼 때 뉴 패러다임에 가장 성공적으로 적응한 나라 중 하나로 꼽히고 있다. 경제발전, 민주화, 체육, 음악, 영화 모든 분야에서 21세기에 두각을 나타내고 있다. 그러나 올드 패러다임에서 약소국으로서 오랫동안 커다란 피해를 입어온 경험이 우리 국민의 뇌리에 아직 생생하다. 몽골의 침입과 삼별초 항쟁, 임진왜란, 정유재란, 병자호란, 청일전쟁, 러일전쟁, 가쓰라-태프트 밀약, 그리고 한일강제병합 등이 그러하다.

이러한 쓰라린 경험에 입각한 피해의식은 아직도 우리 국민의 정서 속에 강력한 힘으로 자리 잡고 있다. 그래서 최근까지 국제문제와 관련해, 국민정서와 피해의식이 자주 발동했다. 우리가 피해를 입을 상황에 처해 있다고 한 곳에서 외치면, 그러한 주장이 논리적이고 합리적인지, 과연 그렇게 될 가능성이 큰 것인지 살펴보지 않고, 방어 메커니즘에 의해 사회 전체가 이에 동화하는 모습을 보이고 있다. 몇 가지 예를 살펴보자.

1993~1994년 소위 UR 사태 때 한국은 UR는 곧 쌀 시장 개방을 의미하고 따라서 UR를 지지하는 사람은 애국자가 아니라는 등식 속에서 살았다. 그러나 1993년 하반기에 이미 UR 전체는 한국경제에 큰 이득이 되고, UR의 일부분인 쌀 시장 개방은 불가피하다는 것이 분명해진 상태였다. 당시 한국으로서는 UR를 받아들여 전체적인 경제적 이득을 취하고 피해를 보게 될 농민에 대한 대책을 세우는 것이 최선의 선택이었다. 그런데 한국은 '국민정서'로 인해 이러한 사실을 토론도 하지 못했다.

UR는 1994년 말 정확히 전문가들이 예상한 방식대로 한국에게 다가왔다. 당연히 쌀 시장은 개방되었다. 농민에 대한 대책은 UR가 타결되기까지 결국 세워지지 못했다. 그리고 오늘날까지 별다른 토론이나 정책검토를 하지 못하고, 쌀 시장 개방에서 관세화 방식을 택하는 대신 최소시장 접근을 택하고 있다. 국민정서가 계속해서 큰 힘을 발휘하고 있기 때문이다.

1997년 말 금융위기가 동아시아를 급습했다. 한국은 오늘날 모범적으로 금융위기를 극복한 나라로 꼽히고 있다. 그러나 당시 한국의 금융위기는 외부의 힘에 의해 초래되었다고 많은 한국인들이 믿고 있다. 많은 경우 우리는 아직도 이때의 금융위기를 'IMF 사태'라고 부른다. 금융위기가 우리의 정책적 판단에 기인하는 것이 아니라, 외부의 개입으로 일어났다고 보고 싶은 것이다. 즉 OECD에 일찍 가입하는 실수로 금융시장을 일찍 개방했고, 이것을 외국의 단기자본이 악용해 위기가 발생했고, 국제기구인 IMF가 우리의 '경제 주권'을 접수하려고 했다는 외부책임론이 곧 그것이다.

그러나 사실은 많이 다르다. OECD 가입 후 OECD는 한국에 대해 외국인 직접 투자 자유화 일정을 앞당기고 장기자본의 국내 유입 자유화 등을 권고했다. 이는 정치논리에 따른 관치금융을 배제하고 시장원리에 따른 직접금융을 촉진하라는 것이었다. 한국은 그 대부분을 거부했다. 그 대신 파생금융derivative과 단기해외차입을 포함하는 단기금융증권에 대한 외국인 투자를 자유화했다. 바로 이 단기자본이 1997년 말 금융위기를 초래한 것이다. 금융건전화를 위한 OECD의 권고사항들은 금융위기 후에나 IMF의 강력한 권고에 따라 받아들여졌다. 결국 한국의 금융위기의 원인은 OECD나 외부요인에 있었던 것이 아니라 한국 내부에 있었던 것이다.

2000년 미국과의 SOFA 협정에 대한 한국의 어프로치에도 상당 부분 정서적인 면이 작용했다. SOFA 협상에서 한국은 '환경 조항'과 '기소시 신병인도'를 2대 최대 현안으로 삼았다. 그리고 세계 여러 나라의 거의 모든 SOFA에 이 두 가지가 다 포함되어 있다고 생각하게끔 상황이 조성되었다. SOFA 협상이 진행되는 2000년 1년 동안 한국에서는 한국만 주권을 제대로 확보하지 못해 억울한 상황에 처했다는 정서적 분위기가 있었다.

그러나 세계에 미국이 관련된 SOFA가 85개인데, 그중 환경조항이 있는 SOFA는 하나(독일)밖에 없다. 그리고 신병인도 조항이 있는 SOFA도 호주 등 미국과 같은 영미법 체계를 갖고 있는 나라를 제외하고는 하나(일본)밖에 없다. 한국에는 이러한 사실이 거의 알려지지 않았다. 국민정서로 인해 그러한 사실의 확인과 확산은 저해되고, 그런 사실에 입각한 토론은 하지 않는 분위기가 조성된 것이다. 오늘날까지도 왜 환경조항과 신병인도 조항이 단 하나씩의 SOFA에만 있게 되었는지, 왜 독일이 아직도 신병인도를 중요시하지 않고 추구하고 있지도 않은지에 대한 검토나 토론은 없다.

그 이후에도 계속 주요한 사안을 처리함에 있어서 냉철하게 국익의 입장에서 판단하고 대처하기보다는 국민정서의 발동으로 사뭇 피해의식에 크게 좌우된 여러 경우가 아직 기억에 생생하다. 2002년 여름 미선 효순 두 소녀의 비극적 죽음이 어떻게 그해 말 대선 결과를 좌우할 만큼 주요 이슈가 되었는지, 또 2008년 전반기 전국을 휩쓴 미국산 소고기 수입 반대 시위, 또 이와 연관되어 2011년 11월 국회비준, 2012년 3월 발효를 거치며 그 이후까지 계속된 한미 FTA 반대 주장과 시위 등을 생각해보면, 1993년 쌀 시장 개방문제, 1997년 금융위기, 그리고 2000년 SOFA 협정문제 때와 맥을 같이하는 강력한 힘의 흐름을 읽을 수 있다.

아직도 우리의 생각영역과 판단의 기준이 냉철한 국민이익보다는 많은 경우 국민정서에 의해 좌우되고 있고, 그 저변에는 피해의식이 깊게 자리 잡고 있는 것으로 보인다. 이처럼 우리의 모든 주의를 집중시키는 커다란 사건 속에서 국익은 그만큼 뒷전으로 밀리게 되고 결국 국민 전체가 손해를 보는 결과를 낳게 된 것이다. 이러한 피해의식, 국민정서의 발현으로 치러야 했던 국민의 에너지와 시간, 자원을 돌이켜보면, 앞으로는 국민의 이익을 생각하면서 보다 냉철하게 대처해야 할 문제로 생각된다.

이러한 문제는 대부분 국제적인 측면을 포함하는 문제임을 염두에 둘 필요가 있다. 21세기 초 격변하는 국제정세 속에서 복잡하고 어려운 북한 핵 문제, 그리고 북한 문제를 관리 내지 해결해야 하며, 동시에 한미동맹, 한중협력, 한일교류를 추진해나가야 하는 우리 외교의 관점에서 볼 때 언제까지 우리가 국민의 이익보다 국민정서를 앞세울 수 있을지 심각히 고민해보아야 할 시점이다.

국민소득과 관련한 경제적 차원에서도 국민정서의 문제는 심각하게 대두된다. 우리는 20여 년 전만 해도 동아시아 4룡 중에서 선두주자의 그룹에 속했다. 국민소득도 비슷한 수준에 있었다. 그러나 국민정서를 앞세워 많은 사안에 임하는 동안, 커다란 격차가 생기게 되었다. 우리가 지난 20년간 국민소득이 2만 달러 전후로 계속 묶여 있는 사이 싱가포르 등 다른 동아시아 국가들은 비약적인 소득 증진을 이루었던 것이다. 우리가 국민의 이익보다 국민정서를 앞세워 소중한 시간, 에너지, 자원을 낭비한 데 주요 원인이 있지 않나 생각된다.

피해의식을 앞세울 여유는 없다

한국의 국민정서는 그 정체가 무엇인지 설명되기 힘들다. 아마도 피해의식, 민족주의 내지 국수주의, 쇄국주의, 반미-반일감정, 평등의식 등이 섞여 있는 것이 아닌가 생각되기도 한다. 이러한 요소 중의 하나가 개재되면 한국의 국민정서가 발동하기 때문이다. 그것은 확실히 국민의식과는 다르다. 국민의 뜻과도 다르다. 그러나 국민정서는 많은 경우 국민의식 또는 국민의 뜻을 대변하는 것으로 무리하게 쓰이는 경우가 많다.

한국의 인식이, 현재의 실정과는 너무나 다른 힘들었던 과거에 뿌리를 두고 있는 경우, 현실과의 괴리乖離 때문에 한국이 대외관계를 관리하는 작업은 그만큼 힘들어진다. 한국의 과거는 피해의 역사인 측면이 크다. 그래서 한국의 국민정서는 무엇보다 피해의식에 입각하고 있는 것처럼 보인다. 피해의식이 있으면 각종 음모론에 시달리게 된다. 음모론은 대부분 근거가 없는 것이나, 상황을 장악하고 있지 못하거나 통제하지 못할 경우 쉽게 빠져든다.

우리의 피해의식과 이에 근거한 국민정서는 과거 20년간의 주요 사안을 살펴볼 때 특히 미국과 관련해 자주, 그리고 강력하게 발동되어왔다.

반미 감정은 미국의 지원을 받는 나라에 항상 어느 정도 있게 마련이다. 특히 강해지고 있는 나라에는 예외 없이 한때 있었던 것으로 보인다. 우리는 1960년대 프랑스 등 유럽과 일본에 번졌던 반미 감정과 데모를 잘 기억하고 있다. 지금 한국의 경제 사회 발전 정도가 반미 감정이 유행하던 때의 프랑스 및 일본과 유사한 단계에 와 있는지도 모른다. 그러나 이러한 반미 감정도 사회에 퍼져 있는 정도와 기간이 오래되면 국익과 상충할 수 있다. 더구나 한국과 같은 지정학적 위치에 있는 경우는 더욱 그렇다.

한국의 국민정서는 과거 국난國難과 같은 위기의 경우 결집력의 원천이기도 했을 것이다. 피해의식과 민족주의에 의거해 어려운 시기를 버티어나간 때도 있었을 것이다. 그러나 피해의식, 국수주의, 쇄국주의 등 21세기에는 불필요해진 요소를 아직 강하게 보이고 있다. 민족주의는 비단 한국에만 있는 것이 아니다. 유럽에서는 이제 많이 치유가 되었으나, 동아시아 각국은 모두 민족주의 경향을 가지고 있다. 문제는 중견 국가인 한국은 북한 문제, 한미 동맹, 한중협력, 한일교류 등 당면한 과제를 생각해볼 때 특히 현명한 외교를 펴나가야 한다. 피해의식에 바탕을 둔 국민정서를 앞세울 여유가 없다. 또 무엇보다도 중요한 것은 전쟁에서 무역으로 국제 관계를 주관하는 패러다임이 변함에 따라 피해의식이나 국민정서는 이제 시대착오적이 되어버렸다는 것을 우리는 깊이 인식해야 한다.

변화와 적응만이 생존이다

한국은 세계화로 인해 국제무대에서 중요한 역할을 할 수 있는 유리한 국면을 맞고 있다. 전 세계가 경제적으로 발전하고 있다고 하지만, 사실 따지고 보면 후진국에서 선진국으로 발돋움하고 있는 나라는 그리 많지 않다. 역사를 살펴보면 유감스럽게도 선진국은 대대로 선진국이었고, 후진국은 대대로 후진국으로 남아 있다. 한국 등 동아시아에 있는 극소수의 국가만이 후진국에서 중진국으로 발돋움했고, 이어 선진국으로의 이행을 계속하고 있다. 인권, 민주주의의 발전에서도 괄목할 만한 성과를 이루었다.

이러한 경제, 민주주의의 발전 정도는 한국으로 하여금 선진국과 후진국 사이의 교량 역할을 할 수 있게 해준다. 또한 한국의 국가 규모와 지정학적 위치도 다자외교에 있어서 대단히 유리한 입지를 제공하고 있다. 전쟁과 정복으로 점철된 과거 역사에서는 이러한 규모와 지정학적 위치는 불리했다. 제국주의 시대에는 해양세력과 대륙세력의 틈바귀에서 많은 희생을 강요당하기 쉬운 처지에 놓여 있었다. 그러나 이러한 약점이 이제 세계화-상호의존의 시대에서는 능동적 교량 역할을 하게 해주는 강점으로 변하고 있는 것이다.

그러나 한국 내에는 여전히 21세기에 진입한 한국의 입장과 처지를 19세기 말과 비교하는 의견이 많이 있다. 이러한 견해는 적어도 두 가지 면에서 근본적인 오류를 범하고 있다. 첫째, 한국의 상황을 19세기 말과 비교하는 견해의 오류는 동아시아에서 19세기와 20세기 전반을 주도했던 제국주의와 식민주의 시대는 가버리고 이제 상호의존적인 세계화의 시대로 바뀌었다는 것을 간과하는 데 있다. 이렇게 근본적으로 유리하게 바뀐 주변 환경에 대한 한국의 인식은 아직 미미한 것 같다. 이제는 어떤 국가도 국가의 위신이나 경제적 이익, 영토 팽창을 위해 전쟁을 고려하지 않는다. 과거와는 달리 영토와 천연자원이 더 이상 국력을 대표하지 못하기 때문이다. 21세기는 과학기술의 발달로 한 국가의 번영을 가늠하는 세계화의 시대이다.

둘째, 19세기를 회상하고 비교하는 오류는 무엇보다 한국의 역량이 19세기 말과 비교할 수 없을 만큼 커졌다는 데 있다. 19세기 말 한국은 아직 가난의 문제조차 해결하지 못하는 빈국이었고, 철저한 농업 위주의 경제구조에 군사적으로도 주변 국가의 침략을 촉발할 만큼 취약했다. 그러나 이제 한국은 세계 10위권을 넘볼 수 있을 정도의 경제력을 자랑하게 되었다. 한국의 농업인구는 전체의 10% 미만으로 줄었다. 군사적으로도 주변 국가가 쉽게 병탄할 의사를 가질 수 없을 만큼의 힘과 동맹체제를 갖추게 되었다.

현실은 이렇게 달라졌는데, 국제사회를 보는 한국의 인식은 아직 19세기식 사고와 그 이전까지 거슬러 올라가 고통과 피해를 받아온 긴 역사에 뿌리를 두고 있는 것으로 보인다. 한국 사회는 불과 한 세대 만에 남의 나라가 두세 세대에 걸쳐 겪는 변화를 겪어내었기 때문에 이러한 인식의 괴리는 어쩔 수 없는 측면이 있기도 하다. 짧은 기간 내에 농업국가에서 산업국가로의 변천, 반 이상 인구의 산업 간 이동(농업에서 제조업과 서비스로), 민주국가의 실현 등 고도로 '압축된 시간'을 살고 있는 한국이 치러야 하는 고통인지도 모른다.

한국에서 국민정서가 그토록 강력한 힘을 작용하는 데는 또 한 가지 이유가 있어 보인다. 그것은 한국 민족이 역사, 문화, 언어, 핏줄 등 모든 면에서 공유하고 또 느끼고 있는 동질성에 기인한다고 볼 수 있다. 한국 국민이 지니는 동질성은 다른 어느 나라 국민보다도 높다. 한국의 인구는 5,000만이며 북한까지 합치면 7,500만이 넘는다. 인구수로는 세계에서 상당히 큰 규모에 속한다. 그러나 민족의 순수도, 사람들의 선호도, 관심거리, 가치관 등의 대동소이한 정도는 불과 수백만의 인구를 가진 국가보다 더 높다.

국난에 처해, 또는 올림픽과 같은 국가적 행사를 치를 때 이 같은 획일성은 국민의 단결을 용이하게 한다. 외국 사람들은 상상하지 못할 정도의 국가적 힘의 결집으로 나타나기도 한다. 그러나 동시에 감정적 분위기에 나라 전체가 경도되는 흐름을 겪기도 한다. 그렇게 되면 다양한 의견의 개진을 차단하고 합리적 생각에 기초한 토론을 막음으로써 건전한 정책수립의 모색을 저해하게 된다. 그리고 토론조차 못 하는 상황이 계속되면 사회 전체로서는 문제가 있다는 것조차 잊어버리는 기억상실증에 빠지게 된다. 이처럼 국민정서에는 장 · 단점이 모두 있다. 한국이 후진국에서 중진국으로 양적 발전을 이룩하는 과정에서는 장점이 두드러지게 작용했던 것으로 보인다.

그러나 이제는 단점들이 보다 부각되면서 국민정서가 한국 발전의 한계로 작용할 가능성도 커 보인다. 한국은 이제 중진국으로부터 보다 세련되고 복잡한 선진국으로 질적 전환을 해야 하는 단계에 와 있기 때문이다. 획일성은 흑백논리에 입각해 문제를 처리하는 경향을 불러일으킬 수 있다. 타협은 곧 패배로 인식되기 쉽다. 다양성은 상대의 의견을 존중하고 공존하는 가치를 불러일으킨다. 각자의 입장을 고려한 장기적 안정과 이득을 가져오는 타협은 가장 중요한 정치적 덕목이 될 수 있다.

한국은 지난 한 세대 만에 후진국에서 중진국으로 도약한, 인류역사에 있어 희귀한 드라마를 연출했다. 이제 중진국에서 선진국으로의 도약은 과거의 것 못지않게 어려운 도전이 될 것이다. 그것은 무엇보다 문화와 습관이 개재된 문제이기 때문이다. 문화는 하루아침의 정책으로 변하지 않는다. 많은 시간과 노력이 필요하다. 그것은 한마디로 국민정서를 극복하는 과정이 될지 모른다. 그러나 한국이 계속 발전하기를 원하고 새로운 지위에 걸맞은 역할을 하기 위해서는 반드시 시대착오적인 피해의식과 함께 획일적인 국민정서를 극복할 수 있어야 한다.

21세기를 맞아 우리 외교의 진로 설정과 세계 속의 우리나라의 위치를 생각할 때, 우리는 전쟁에서 무역으로의 패러다임 변화를 심각하게 인식해야 할 시점에 와 있는 것으로 보인다. 그 방향 설정 여하에 따라, 우리나라는 전쟁 패러다임과 피해의식에 입각한 19세기식 외교를 탈피하지 못할 수도 있다. 그 경우 우리는 미래의 세계를 설계하는 과정에 참여하지 못하고, 한반도 외교 속에 갇혀 있게 된다.

또는 그 반대로 피해의식을 확실하게 떨쳐버리고 무역 패러다임에 입각한 21세기 외교로 탈바꿈할 수도 있다. 그 경우 우리는 미래의 세계를 설계하는 데 적극적으로 참여하고 응분의 역할을 함으로써, 우리의 국익을 확보하고 나아가 인류의 미래를 개척하는 데 기여할 수 있게 된다. 우리는 변해야 한다. 우리는 새로운 환경에 다시 한 번 적극적인 자세로 적응해가야 한다. 변화와 적응은 생존이다.

新 조 선 책 략